Theodore Dalrymple

Der Untergang Europas

Literatur und Kultur,
Wirtschaft und Gesellschaft,
Ideologie und Psychopathologie

LICHTSCHLAG NR. 34

LICHTSCHLAG NR. 34

Theodore Dalrymple

Der Untergang Europas

**Literatur und Kultur,
Wirtschaft und Gesellschaft,
Ideologie und Psychopathologie**

ISBN: 978-3-939562-51-1

Ins Deutsche übersetzt von David Schah

Layout von Martin Moczarski

Inhalt

Die vom Autor dieses Buches exklusiv in deutscher Sprache erstmals so zusammengesetzten Kapitel erschienen als Essays in den Jahren 2008 und 2009 jeweils zuerst im „City Journal" in englischer Sprache und danach in „eigentümlich frei" (in den Ausgaben 84, 86, 88, 89, 90, 91, 95 und 98) auf Deutsch. Ist die Zeitlosigkeit, ja eher größere Aktualität der Artikel nicht auf wundersame Weise verblüffend?

I. Kultur der Unterschicht

Die unerträgliche Leichtigkeit des Bösen

Über das Anschwellen des Asozialen nicht nur in Großbritannien

Gefängnisinsassen sagen nach ihrer Entlassung oft, dass sie ihre gesellschaftliche Schuld beglichen haben. Das ist natürlich abwegig: Ein Verbrechen kann man nicht vermittels doppelter Buchführung entgelten. Man kann keine Schuld dadurch tilgen, dass man noch viel größere Kosten verursacht. Man kann auch nicht im voraus für einen Banküberfall bezahlen, indem man als Entgelt einen Gefängnisaufenthalt bietet. Vielleicht hat ja ein Häftling nach seiner Entlassung wieder eine weiße Weste, aber seine Schuld hat er nicht abgegolten.

Es wäre ebenso unangemessen, wenn ich selbst anlässlich des Rückzugs aus meiner Krankenhaus- und Gefängnistätigkeit sagen würde, ich hätte der Gesellschaft gegenüber meine Schuldigkeit getan. Ich hätte die Wahl gehabt, etwas Erfreulicheres zu tun, wenn ich das gewollt hätte, und ich wurde zwar nicht üppig, aber wenigstens angemessen bezahlt. Für meine berufliche Tätigkeit hatte ich mir deshalb eine unerquickliche Klientel ausgesucht, weil mich diese armen Seelen aus medizinischer Sicht im Vergleich zu Normalbürgern weitaus interessanter anmuteten: Ihre Pathologie ist facettenreicher und ihr Aufmerksamkeitsbedürfnis größer. Ihre Dilemmata sind zwar grobschlächtiger, aber auch stringenter und näher dran an den Grundlagen der menschlichen Existenz. Zweifellos glaubte ich auch, dass meine Dienste an dieser Stelle wertvoller sein würden beziehungsweise dass ich eine Art von Pflicht zu erfüllen hätte. Vielleicht habe ich aus diesem Grund, ähnlich wie der Häftling nach seiner Freilassung, das Gefühl, dass ich der Gesellschaft gegenüber meine Schuldigkeit getan habe. Sicherlich hat diese Arbeit mir viel abverlangt, und es ist Zeit für mich, etwas anderes zu tun. Sollen andere sich nun dem Kampf gegen die wuchernde Sozialpathologie Großbritanniens widmen. Ich jedenfalls werde jetzt ein Leben führen, das mir eine größere ästhetische Erfüllung bietet.

Meine Arbeit hat mich dazu gebracht, mich auf eine vielleicht ungesunde Weise mit dem Problem des Bösen zu beschäftigen. Warum tun Menschen Böses? Welche Bedingungen lassen das Böse gedeihen? Wie verhindert oder unterdrückt man es am besten? Immer wenn ich einem Patienten zuhöre, der mir erzählt, welche Grausamkeiten ihm widerfahren sind oder er selbst begangen hat – und ich habe mir 14 Jahre lang täglich mehrere solcher Patienten angehört –, gehen mir diese Fragen unablässig durch den Kopf.

Sicherlich haben auch meine früheren Erfahrungen mein Interesse an diesem Problem vertieft. Meine Mutter floh zur Nazizeit aus Deutschland, und obwohl sie nur sehr wenig über ihr damaliges Leben erzählte, reichte schon der bloße Umstand, dass es viele unaussprechliche Dinge bei ihr gab, die auf gespenstische Weise das Böse in unserem Haus präsent werden ließen.

Später habe ich mehrere Jahre damit verbracht, durch die Weltgeschichte zu reisen, oft an Orte, wo es kurz zuvor zu Greueln gekommen war oder wo diese immer noch begangen wurden. In Mittelamerika wurde ich Zeuge von Bürgerkriegen zwischen Guerillagruppen auf der einen Seite, die ihrer Gesellschaft ihre jeweilige Form einer totalitären Tyrannei aufzwingen wollten, und auf der anderen Seite von Armeen, die keine Skrupel besaßen, Massaker zu verüben. In Äquatorialguinea ist der jetzige Diktator der Neffe und ehemalige Handlanger des vorher herrschenden Diktators, der wiederum ein Drittel der Bevölkerung getötet oder vertrieben hatte und der jede Person hinrichten ließ, die eine Brille trug oder ein bedrucktes Stück Papier bei sich hatte, weil man durch diese Utensilien als Oppositioneller oder potenziell unzufriedener Intellektueller galt. In Liberia besuchte ich eine Kirche, in der mehr als 600 Menschen Zuflucht gesucht hatten und dann abgeschlachtet wurden, womöglich vom Präsidenten selbst, der wiederum kurze Zeit später dabei gefilmt wurde, wie er selbst zu Tode gefoltert wurde. Die Konturen der Körper waren immer noch auf dem getrockneten Blut des Fußbodens der Kirche erkennbar, und die langen Aufschüttungshügel des Massengrabes lagen nur ein paar Schritte vom Eingang der Kirche entfernt. In Nordkorea sah ich den Gipfel der Tyrannei, wo Millionen von Menschen terrorisiert werden, indem sie in elender Demut einem Personenkult um den Großen Führer Kim Il Sung frönen müssen, neben welchem der Sonnenkönig wie der Inbegriff der Bescheidenheit aussieht.

Nun waren all dies politische Ausgeburten des Bösen, die meine Heimat Großbritannien vollends hinter sich gelassen hat. Ich hatte optimistischerweise angenommen, dass das Böse bei Abwesenheit der schlimmsten politischen Abarten keine Chance habe, sich weiter zu verbreiten. Bald musste ich meinen Irrtum einsehen. Natürlich war nichts, was ich in einem britischen Slum sehen sollte, auch nur annähernd so schlimm wie das, was ich andernorts mit ansehen musste. Eine Frau aus Eifersucht zu schlagen, sie in einem Schrank einzuschließen und ihr absichtlich die Arme zu brechen, ist zwar furchtbar, aber bei weitem nicht dasselbe wie Massenmord. Es gab mehr als genügend verfassungsrechtliche, traditionelle, institutionelle und soziale Beschränkungen für großflächige politische Abscheulichkeiten, die in Großbritannien immer noch all das verhinderten, was ich anderswo erleben konnte.

Doch die Skala des Bösen beim Menschen ist nicht nur durch die betreffenden Folgen zu bemessen. Denn Menschen tun Böses innerhalb des Spielraums, den sie haben. Einige Genies des Bösen haben bekanntlich ihr Leben der Aufgabe gewidmet, diesen Spielraum so groß wie möglich zu gestalten. Doch ein solcher Charakter ist in Großbritannien bislang nicht aufgetaucht, und die meisten Übeltäter nutzen lediglich die meisten ihrer kleinen Gelegenheiten aus. Sie nehmen was sie kriegen.

Und dennoch ist das Ausmaß des Bösen, das ich hierzulande vorfand, zwar weitaus bescheidener als die Katastrophen der jüngsten Menschheitsgeschichte, aber nichtsdestotrotz durchaus beeindruckend. In meiner sechsbettigen Krankenstation bin ich mindestens 5.000 Straftätern, welche die von mir oben beschriebene Art von Gewalt ausgeübt hatten, und noch mal so vielen Opfern solcher Gewalt begegnet. Das ist fast ein Prozent der Bevölkerung meiner Stadt. Wenn man die spezifische Altersgruppe solchen Verhaltens mit einrechnet, ist der Prozentsatz noch höher. Und wenn man, wie ich, sich die Lebensgeschichten dieser Leute ansieht, dann stellt man schnell fest, dass deren Leben ebenso mit wahlloser Gewalt angefüllt ist wie das Leben der Bewohner so manch einer Diktatur. Doch anstelle eines Diktators haben wir es hier mit Tausenden kleiner Diktatoren zu tun, von denen jeder der absolute Herrscher seiner kleinen Sphäre ist, und dessen Macht lediglich beschnitten wird durch die Grenzen eines weiteren Minidiktators.

Gewalttätige Konflikte beschränken sich nicht auf Heim und Herd, sondern gehen auf die Straße über. Darüber hinaus habe ich feststellen müssen, dass es in britischen Städten, so auch in meiner Stadt, Folterkammern gibt. Diese werden zwar nicht wie in Diktaturen vom Staat betrieben, sondern von Vertretern von Slum-Unternehmen wie etwa im Drogen-Business. Schuldner und Schuldnerinnen von Drogendealern werden entführt, in Folterkammern gesteckt, an Betten gefesselt und geschlagen oder ausgepeitscht. Mitleid haben die Folterknechte nicht, lediglich etwas Angst vor den Folgen für den Fall, dass man zu weit geht.

Das Erschreckendste an diesem Bösen, das zwar auf einer unteren Ebene stattfindet, aber endemische Ausmaße hat, ist vielleicht der Umstand, dass es ohne Zwang und spontan erfolgt, also der Vorstellung von einer Ursünde am nächsten kommt. Niemand verlangt nämlich von den Leuten, diese Übeltaten zu begehen. In den schlimmsten Diktaturen werden einige Verbrechen von gewöhnlichen Männern und Frauen aus Furcht davor begangen, wegen Unterlassung bestraft zu werden. Hier ist Heldentum erforderlich, um gut sein zu können. In der Sowjetunion war es beispielsweise in den dreißiger Jahren so, dass jemand, der es unterließ, einen politischen Witz zu melden, sich selbst strafbar machte, was seine Deportation oder seinen Tod zur Folge haben konnte. Doch im zeitgenössischen Großbritannien gibt es solche Umstände nicht: Der Staat verlangt von seinen Bürgern nicht, sich derartig zu benehmen, er bestraft sie auch nicht, wenn sie es nicht tun. Das Böse fußt hier auf einer freien Entscheidung.

Es ist allerdings bei weitem nicht so, dass der Staat unschuldig an der freiwilligen Kriminalität ist. Intellektuelle haben die Idee vorgebracht, dass der Mensch von den Fesseln sozialer Konventionen und der Selbstkontrolle befreit werden sollte, und der Staat erließ ohne entsprechende Nachfrage seiner Untertanen Gesetze, die ein ungezügeltes Verhalten förderten. Und der Staat schuf ein Wohlfahrtssystem, das die Menschen in mancherlei Hinsicht vor den wirtschaftlichen Folgen eines solchen Fehlverhaltens bewahrte. Wenn die Hürden des Bösen herabgesetzt werden, dann gedeiht es. Und nie wieder werde ich versucht sein, an das grundsätzlich Gute im Menschen zu glauben oder daran, dass das Böse der menschlichen Natur wesensfremd und beim Menschen eine Ausnahmeerscheinung sei.

Natürlich handelt es sich dabei bloß um meine persönliche Erfahrung. Zugegebenermaßen habe ich von einem eigentümlichen und möglicherweise nicht repräsentativen Standpunkt aus die soziale Welt meiner Stadt und meines Landes in Betracht genommen, nämlich von einem Gefängnis und einer Krankenstation aus, wo praktisch alle Patienten versucht haben, sich umzubringen oder zumindest eine selbstmörderische Attitüde an den Tag legten. Doch diese persönliche Erfahrung ist nicht gering oder unbedeutend, und jeder einzelne meiner vielen tausend Fälle hat mir ein Fenster in die Welt aufgemacht, in der diese Personen leben. Und wenn meine Mutter mich fragt, ob ich nicht Gefahr laufe, dass meine persönlichen Erfahrungen mich verbittern oder auf die Welt durch eine gallenfarbene Brille gukken lasse, dann frage ich sie, warum sie denn, so wie alle alten Leute im heutigen Britannien, nach Sonnenuntergang unbedingt zuhause bleiben möchte oder andernfalls entsprechende Konsequenzen tragen muss, und warum dies in einem Land der Fall ist, das seit Generationen stets gesetzestreu und sicher war. Hat sie mir nicht selbst erzählt, dass sie sich als junge Frau während der Stromausfälle beim Bombenkrieg völlig sicher fühlte, zumindest vor etwaigen Plünderungen ihrer Mitbürger? Dass sie im tiefsten Dunkeln nach Hause ging und dass es ihr niemals einfiel, Opfer eines Verbrechens werden zu können, während sie heute nach Anbruch der Dunkelheit nur die Nase aus dem Fenster stecken muss, um an nichts anderes zu denken? Stimmt es nicht, dass in den letzten zwei Jahren zweimal am hellichten Tage ihre Geldbörse gestohlen wurde, und dass die Statistiken, obwohl diese vom Staat manipuliert und weitestgehend geschönt werden, im Grunde genau das bestätigen, was ich aus meiner persönlichen Erfahrung heraus geschlussfolgert habe? Im Jahre 1921, als meine Mutter geboren wurde, gab es in England und Wales gerade mal ein erfasstes Verbrechen auf 370 Einwohner. Achtzig Jahre später war es ein Verbrechen auf nur zehn Einwohner. Es gab eine Verzwölffachung der Verbrechensrate seit 1941. Bei Gewaltverbrechen ist der Anstieg sogar noch größer. Persönliche Erfahrung ist zwar kaum eine vollwertige Messlatte für die gesellschaftliche Wirklichkeit, aber meine Eindrücke werden zweifellos durch die historischen Daten bestätigt.

Ein Einzelfall kann erhellend sein, vor allem wenn er statistisch banal, also mit anderen Worten alles andere als außergewöhnlich ist. Gestern kam zum Beispiel eine 21jährige Frau zu mir und meinte, an Depressionen zu leiden. Sie hatte eine Überdosis Antidepressiva geschluckt und dann den Notarzt gerufen.

An dieser Stelle muss ich ein paar Bemerkungen über den Begriff „Depression" loswerden, der das Wort „Traurigkeit" und sogar den Begriff der Traurigkeit fast völlig aus dem modernen Leben verdrängt hat. Von Tausenden von Patienten, die ich gesehen habe, sagten nur zwei oder drei über sich, unglücklich zu sein. Alle anderen meinten, sie hätten Depressionen. Diese Bedeutungsverschiebung ist ziemlich signifikant, denn sie schließt ein, dass Unzufriedenheit mit dem Leben an sich schon pathologisch sei, also ein medizinischer Zustand, für dessen Aufhebung ein Arzt unter Zuhilfenahme medizinischer Mittel verantwortlich ist. Jeder hat ein Recht auf Gesundheit, und Depressionen sind ungesund. Daher hat jeder auch ein Recht auf Glücklichsein, also auf das Gegenteil von Depressionen.

Diese Vorstellung bedeutet im Gegenzug, dass der Geisteszustand oder die Laune eines Menschen unabhängig davon sein sollte, wie man sein Leben führt. Dieser Glaube muss die menschliche Existenz all ihrer Bedeutung berauben und ganz grundsätzlich die Belohnung vom Benehmen loslösen.

Es ergibt sich ein lächerlicher Pas de Deux zwischen Doktor und Patient. Der Patient gibt vor, krank zu sein, und der Doktor gibt vor, den Patienten zu kurieren. In diesem Prozess wird der Patient vorsätzlich blind gemacht für das Verhalten, das ihn in erster Linie und unvermeidlich ins Elend stürzt. Ich musste daher feststellen, dass es heutzutage eine der wichtigsten Aufgaben des Arztes ist, seine eigene Kompetenz und Verantwortung zu leugnen. Die Einbildung des Patienten, krank zu sein, hindert ihn daran, seine Situation zu verstehen, und ohne dieses Verständnis kann kein moralischer Wandel erfolgen. Der Arzt, der so tut, also ob er behandle, ist ein Hindernis für diesen Wandel, und trägt eher zur Blendung als zur Erleuchtung bei.

Meine Patientin hatte bereits drei Kinder von drei verschiedenen Männern, was nichts ungewöhnliches für meine Patientinnen und auch nicht ungewöhnlich für dieses ganze Land ist. Der Vater ihres ersten Kindes war gewalttätig, und sie verließ ihn. Der zweite starb, als er mit einem gestohlenen Wagen einen Unfall baute. Der dritte, mit dem sie nun bis vor kurzem zusammen war, verlangte von ihr, dass sie seine Wohnung verlasse, da er, eine Woche nach der Geburt des Kindes, feststellte, dass er nicht länger mit ihr zusammenleben könne. Die Entdeckung dieser Unverträglichkeit eine Woche nach der Niederkunft kommt so häufig vor, dass sie statistisch gesehen als normal gelten muss. Sie konnte nirgendwo hin, hatte nirgendwo Rückhalt, und das Krankenhaus diente als zwischenzeitlicher Zufluchtsort vor ihrem Kummer. Sie hoffte, dass wir sie irgendwie wiederherrichten würden.

Zu ihrer Mutter konnte sie nicht zurückkehren – wegen eines Konflikts mit ihrem „Stiefvater" beziehungsweise dem aktuellen Freund ihrer Mutter, der tatsächlich nur neun Jahre älter als sie selbst und sieben Jahre jünger als ihre Mutter war. Diese Verdichtung der Generationen ist heute ein gängiges Muster, selten aber ein Rezept für menschliches Glück. Übrigens versteht es sich fast von selbst, dass ihr eigener Vater bei ihrer Geburt verschwunden war und sie ihn seitdem nie mehr wiedergesehen hat. Der letzte Freund in einer solchen Art von Partnerschaft will die Tochter entweder zum sexuellen Missbrauch zur Verfügung haben oder sie aber des Hauses verweisen, da sie ansonsten nur einen Störfaktor darstellt und unnötige Ausgaben mit sich bringt. Im vorliegenden Fall wollte der Freund sie aus dem Haus haben und tat sein Bestes, um eine Atmosphäre zu schaffen, die sie baldmöglichst in die Flucht schlagen sollte. Der Vater ihres ersten Kindes hatte natürlich ihre Verletzlichkeit erkannt. Ein 16-jähriges alleine wohnendes Mädchen ist eine leichte Beute. Er schlug sie von Anfang an und war betrunken, besitzergreifend, eifersüchtig und chronisch untreu. Sie dachte, dass ein Kind aus ihm einen verantwortungsvolleren Mann machen, ihn ausnüchtern und beruhigen würde. Der gegenteilige Effekt trat ein. Sie verließ ihn. Der Vater ihres zweiten Kindes war ein Serienkrimineller, der bereits mehrere Male gesessen hatte. Ein Drogensüchtiger, der immer so viel Stoff nahm wie er kriegen konnte und dann daran starb. Sie wusste das alles, bevor sie sich von ihm ein Kind machen ließ. Der Vater ihres dritten Kindes war viel älter als sie. Es war er, der vorgeschlagen hatte, dass sie ein Kind haben sollte, ja er verlangte dies sogar von ihr als Bedingung dafür, dass er bei ihr blieb. Er hatte bereits fünf Kinder von drei verschiedenen Frauen, von denen keine auch nur die geringste Unterstützung von ihm bekam.

Die Bedingungen für die endlose Fortsetzung des Bösen waren nun komplett. Sie war eine junge Frau, die nicht alleine sein wollte und lange Zeit keinen Mann hatte. Doch mit bereits drei Kindern zieht sie genau jene Sorte von Mann an wie den Vater ihres ersten Kindes, von denen es nun viele gibt. Diese Männer suchen nach verwundbaren und ausbeutbaren Frauen. Mehr als wahrscheinlich wird zumindest einer von ihnen – denn es wird zweifellos nicht bei einem bleiben – ihre Kinder missbrauchen, sexuell, physisch oder beides.

Sie war natürlich ein Opfer des Verhaltens ihrer Mutter zu einer Zeit, als sie noch wenig Kontrolle über ihr Schicksal hatte. Ihre Mutter hatte gemeint, dass ihre eigene sexuelle Beziehung wichtiger war als das Wohlergehen ihres Kindes, was eine sehr verbreitete Art des Denkens im heutigen Wohlfahrtsstaat Großbritannien ist. Am gleichen Tag zum Beispiel wurde ich von einer jungen Frau konsultiert, die vom Lebensabschnittspartner ihrer Mutter mehrere Male vergewaltigt worden war, als sie zwischen acht und fünfzehn Jahre alt war, und das mit vollem Wissen ihrer Mutter. Diese Mutter hatte das alles nur zugelassen, um die Beziehung mit ihrem Gefährten nicht zu gefährden. Es könnte durchaus passieren, dass meine Patientin eines Tages genau so verfahren wird.

Meine Patientin war jedoch nicht nur Opfer ihrer Mutter: Sie hatte sich wissentlich von Männern schwängern lassen, von denen sie nichts Gutes erwarten konnte. Sie wusste genau, welche Konsequenzen und Bedeutung das hatte, was sie tat. Das bewies nämlich ihre Reaktion auf das, was ich ihr wie auch Hunderten anderer Patientinnen in ähnlichen Situationen sagte: Das nächste Mal, wenn du mit einem Mann ausgehen willst, bring ihn vorher zu mir, und ich werde dir sagen, ob du das tun kannst.

Das verfehlt seine Wirkung nie, auch auf die elendsten und „depressivsten" Frauen: Sie lächeln breit oder lachen herzlich. Sie wissen genau, was ich meine, und ich brauche das nicht näher zu erläutern. Sie wissen, dass ich meine, dass die meisten Männer, die sie sich auserkoren haben, das Böse bereits auf der Stirn stehen haben, manchmal sogar im wahrsten Sinne des Wortes als tätowierte Sprüche, die da lauten „Fuck off" oder „Mad dog". Und sie kapieren, dass ich das Übel sofort ausmachen kann, da sie genau wissen, wonach ich schaue. Und genau das können sie eigentlich auch, und deshalb sind sie größtenteils verantwortlich für ihr Verderben, wenn sie sich der Gewalt übler Männer aussetzen.

Außerdem wissen sie, dass ich es sowohl für töricht als auch für verfehlt halte, Kinder von Männern zu bekommen, ohne auch nur eine Sekunde lang überlegt zu haben, ob diese Männer irgendwie qualifiziert sind, gute Väter zu sein. Natürlich kann man auch Fehler machen: Ein Mann kann sich als etwas anderes entpuppen als das, was die Frau erwartet hatte. Aber sich nicht einmal die Frage zu stellen, ob der Kerl als Vater seinen Mann steht, ist für einen Menschen an Verantwortungslosigkeit nicht zu übertreffen. Dadurch vergrößert man ganz bewusst das Böse in der Welt, und früher oder später wird die Summe all dieser kleinen Übel zum Triumph des Bösen an sich führen.

Meine Patientin hat nicht mit der Absicht gehandelt, Beihilfe zum Bösen zu leisten oder selbst Böses zu tun. Und doch war ihre Weigerung, die von ihr wahrgenommenen Zeichen ernstzunehmen und entsprechend zu handeln, keineswegs die Folge von Blindheit und Ignoranz. Diese Weigerung war gewollt. Sie wusste aus eigener Erfahrung und aus dem Erfahrungsschatz vieler Menschen um sie herum, dass ihre Wahl, die aufgrund eines momentanen Vergnügens und Begehrens erfolgte, zu Elend und Leid nicht nur für sie selbst, sondern vor allem für ihre eigenen Kinder führen würde.

Das ist natürlich nicht so sehr die Banalität, sondern vielmehr die Frivolität des Bösen: Die Präferenz des flüchtigen eigenen Vergnügens ohne Rücksicht auf das langfristige Elend anderer, für die man verantwortlich ist. Was könnte die Frivolität des Bösen besser beschreiben als das Benehmen einer Mutter, die eine 14 Jahre alte Tochter aus dem Haus schmeißt, weil der letzte Freund der Mutter sie nicht mehr da haben will? Und welche Phrase beschreibt die Haltung jener Intellektueller besser, die in diesem Benehmen nichts als eine Erweiterung der menschlichen Freiheit und der menschlichen Auswahlmöglichkeiten sehen, also nur einen weiteren Baustein im komplexen Mosaik des Lebens?

Auch die Männer in diesen Situationen wissen ganz genau, welche Bedeutung und Konsequenzen ihr Tun hat. Am gleichen Tag, an dem ich die eben beschriebene Patientin traf, kam ein 25 Jahre alter Mann in unsere Krankenstation, um sich ein folienverpacktes Kokainpaketchen herausoperieren zu lassen, das er verschluckt hatte, um von der Polizei nicht erwischt zu werden. Wäre das Paketchen geplatzt, wäre er sofort gestorben. Zufälligerweise hatte er gerade seine letzte Freundin verlassen, eine Woche, nachdem diese ein Kind auf die Welt gebracht hatte. Er sagte, dass sie miteinander nicht klarkämen und er seinen Freiraum bräuchte. An das Kind dachte er natürlich keinen Moment lang.

Ich fragte ihn, ob er noch andere Kinder habe. „Vier", entgegnete er. „Von wie vielen Müttern?" „Drei." „Sehen Sie ihre Kinder?" Er schüttelte den Kopf. Es gehört wohl nicht zu den Pflichten des Arztes, darüber zu urteilen, wie seine Patienten zu leben gewählt haben, doch wahrscheinlich hatte ich leicht die Stirn gerunzelt. Jedenfalls spürte wohl der Patient etwas von meiner Missbilligung. „Ich weiß", sagte er. „Ich weiß. Das brauchen Sie mir nicht zu sagen."

Diese Worte waren ein komplettes Schuldeingeständnis. Ich hatte Hunderte von Gesprächen mit Männern, die ihre Kinder auf diese Weise verlassen hatten, und sie alle wussten nur zu genau, welche Folgen das für die Mutter und vor allem für die Kinder hatte. Sie alle wussten, dass sie ihre Kinder zu einem Leben verurteilten, das von Brutalität, Armut, Missbrauch und Hoffnungslosigkeit geprägt sein würde. Sie sagten es mir selbst. Und doch taten sie es immer wieder, und das in einem Ausmaß, das mich annehmen lässt, das nun fast ein Viertel der britischen Kinder auf solche Weise aufwächst.

Das Ergebnis ist eine steigende Welle von Vernachlässigung, Grausamkeit, Sadismus und fröhlicher Bösartigkeit, die mich überrascht und verblüfft. Nach 14 Jahren bin ich noch angewiderter als am Tag, wo ich mit alldem angefangen hatte.

Wo kommt dieses Böse her? Offenbar ist die menschliche Seele irgendwie defekt, wenn der Mensch sich auf diese verkommene Art benehmen will. Metaphorisch gesprochen ist dies das Vermächtnis der Erbsünde. Doch wenn vor nicht allzu langer Zeit dieses Verhalten weitaus weniger weit verbreitet war als heute, dann bedarf es einer anderen Erklärung. Und denjenigen, die meinen, Armut würde alles erklären, sei gesagt, dass die Leute damals weitaus weniger wohlhabend waren.

Eine notwendige, wenn nicht erschöpfende Bedingung dafür, dass dieses Verhalten möglich ist und sich manchmal sogar lohnt, ist der Wohlfahrtsstaat. So wie der IWF die höchste und rettende Bankeninstanz ist, die andere Banken dazu ermutigt, unvernünftige Länderkredite zu vergeben, da man weiß, dass der IWF einem letztendlich aus der Patsche helfen wird, so ist auch der Staat die höchste Elterninstanz, oft sogar die allererste Instanz. Der Staat wird von der scheinbar großzügigen und humanen Philosophie geleitet, dass kein Kind, egal welcher Herkunft, darben soll. Also unterstützt er jedes Kind oder besser gesagt, die Mutter eines jeden Kindes, sobald es geboren wurde. Was Sozialwohnungen angeht, ist es in der Tat von Vorteil für eine Mutter, wenn sie sich in eine nachteilige Situation begibt, wenn sie allein erzieht, nicht von den Vätern unterstützt wird und in Bezug auf ihren Lebensunterhalt vom Staat abhängig ist. Sie wird dann privilegiert behandelt. Sie bezahlt dann keine lokalen Steuern, keine Miete und keine Stromrechnungen.

Und die Männer werden vom Staat von jeglicher Verantwortung für ihre Kinder befreit. Der Staat ist nun der Vater des Kindes. Der biologische Vater kann daher ganz unbehelligt all seine Einkünfte als Taschengeld verwenden, für Unterhaltung und kleine Vergnügungen. Er wird so auf den Status eines Kindes reduziert, eines verdorbenen Kindes indes, das über die physischen Fähigkeiten eines Mannes verfügt: Launenhaft, fordernd, nörgelnd, egozentrisch und auch gewalttätig, wenn es nicht nach seinem Willen läuft. Die Gewalt eskaliert und wird zur Gewohnheit. Ein verdorbener Balg wird zum üblen Tyrannen.

16

Doch der Wohlfahrtsstaat ist zwar eine notwendige Voraussetzung für die Verbreitung des Bösen, nicht jedoch die einzige. Schließlich ist der britische Wohlfahrtsstaat weder der teuerste noch der großzügigste der Welt, und doch nimmt die Rate unserer sozialen Pathologie, nämlich öffentliche Trunkenheit, Drogenkonsum, Teenager-Schwangerschaften, Geschlechtskrankheiten, Hooliganismus und Kriminalität einen weltweiten Spitzenplatz ein. Irgendetwas musste dieses Ergebnis ja verursachen.

Hier betreten wir das Reich der Kultur und der Ideen. Denn es ist nicht nur notwendig zu glauben, dass es ökonomisch gesehen sinnvoll ist, sich auf die von mir beschriebene unverantwortliche und geltungsbedürftige Art zu benehmen, sondern man muss auch glauben, dass dies moralisch statthaft ist. Und diese Idee wurde von der intellektuellen Elite Großbritanniens seit vielen Jahren verklickert, und zwar unablässiger als irgendwo sonst, und in einem solchen Umfang, dass diese Haltung nunmehr gemeinhin akzeptiert wird. Es gab einen langen Marsch nicht nur durch die Institutionen, sondern auch durch die Köpfe der jungen Leute. Wenn junge Leute sich anpreisen wollen, dann beschreiben sie sich als „nonjudgmental" (nicht auf eine Meinung festgelegt). Die höchste Form der Moral ist für sie die Nichtmoral.

Es gab eine unheilige Allianz zwischen den Linken auf der einen Seite, wo man glaubte, dass der Mensch mit Rechten, nicht aber mit Pflichten ausgestattet sei, sowie auf der anderen Seite den Libertären, die glaubten, dass Konsumentenfreiheit die Antwort auf alle sozialen Fragen sei, eine Idee, die von den Linken genau da übernommen wurde, wo sie nicht anwendbar ist. Die Leute haben demnach das Recht, dass es ihnen an nichts fehlt, zumindest an nichts Materiellem. Wie Männer und Frauen sich zueinander gesellen und Kinder haben, ist lediglich eine Sache der Konsumentenauswahl, hat aber nicht größere moralische Implikationen als die Wahl zwischen schwarzer und weißer Schokolade. Und der Staat darf nicht bei den verschiedenen Formen der Partnerschaft und Kinderaufzucht diskriminieren, selbst wenn diese Nichtdiskriminierung den gleichen Effekt hat wie die britische und französische Neutralität während des Spanischen Bürgerkriegs.

Die Folgen für Kinder und Gesellschaft werden dabei nicht berücksichtigt. Denn es ist sowieso stets die selbstgestellte Aufgabe des Staates, mithilfe von Umverteilung die materiellen Folgen individueller Verantwortungslosigkeit auszubügeln, und die emotionalen, erzieherischen und geistigen Folgen durch eine Armee von Sozialarbeitern, Psychologen, Pädagogen, Beratern und dergleichen mehr zu beheben, also alles Leute, die sich ein machtvolles Recht erworben haben, vom Staat zu leben.

Während also meine Patienten im Grunde ihres Herzens wissen, dass ihr Tun absolut falsch ist, werden sie dennoch dazu durch den starken Glauben ermuntert, dass sie das Recht dazu hätten, so zu handeln, da ja alles nur eine Frage der freien Auswahl sei. Fast niemand hat diesen Glauben in Großbritannien öffentlich infragegestellt. Und kein Politiker hatte den Mut, ein Zurückfahren jener öffentlichen Wohltaten zu fordern, die dieses von mir 14 Jahre lang beobachtete Böse verstärkt und die Gewalt, Vergewaltigung, Erpressung, Grausamkeit, Drogenabhängigkeit und Vernachlässigung florieren lässt. Angesichts von 40 Prozent unehelich geborener Kinder mit steigender Tendenz und des Umstands, dass eine Scheidung eher die Norm als die Ausnahme ist, wird es bald keine Wählerschaft mehr geben, die diese Entwicklung rückgängig machen kann. Es wird bereits als politischer Selbstmord angesehen, so etwas zu fordern, auch von denen, die eigentlich wissen, dass eine solche Umkehr bitter nötig ist.

Ich bin nicht sicher, ob sie recht damit haben. Jedenfalls mangelt es ihnen an Mut. Mein einziger Anlass zu Optimismus in den letzten 14 Jahren war die Tatsache, dass meine Patienten bis auf ein paar Ausnahmen von mir dazu gebracht werden konnten einzusehen, dass sie nicht depressiv sind. Sie sind unglücklich. Und sie sind unglücklich, weil sie es sich ausgesucht haben, auf eine Weise zu leben, die sie notwendigerweise unglücklich machen muss. Alle sagen, dass sie nicht möchten, dass ihre Kinder so leben wie sie selbst. Doch der soziale, wirtschaftliche und ideologische Druck und vor allem das elterliche Vorbild machen es wahrscheinlich, dass ihren Kindern der gleiche unschöne Lebenslauf blüht.

Letztendlich ist also die moralische Feigheit der intellektuellen und politischen Eliten verantwortlich für das andauernde soziale Disaster, das Britannien heimsucht, ein Disaster, dessen ganze gesellschaftliche und wirtschaftliche Folgen noch zu spüren sein werden. Ein scharfer wirtschaftlicher Rückgang wird zeigen, wie weit die Politik mehrerer Regierungen hintereinander, die sich alle der Wertefreiheit verschrieben hat, die britische Gesellschaft atomisiert haben, so dass jegliche soziale Solidarität innerhalb von Familien und Gemeinden, die vormals in schweren Zeiten so viel Schutz zu geben pflegte, zerstört wurde. Die Eliten können nicht einmal zugeben, was ganz offensichtlich passiert ist, denn andernfalls würden sie ja ihre Verantwortung dafür zugestehen müssen, und das würde ihnen ein ungutes Gefühl geben. Es ist also besser, dass Millionen von Menschen ein widerliches und elendes Leben führen als dass sie irgendwie Reue verspüren, was ein anderer Aspekt der Frivolität des Bösen ist. Wenn darüber hinaus die Mitglieder der Elite die soziale Katastrophe zugeben würden, die sie durch ihre ideologische Liederlichkeit herbeigeführt haben, dann müssten sie auch ihrem eigenen Verhalten Beschränkungen auferlegen, denn man kann schließlich nicht lange von anderen etwas verlangen, was man nicht selbst vorlebt.

Es mag zweifellos Spaß machen, als einsamer Rufer in der Wüste zu gelten, als jemand, der weiter und scharfsinniger gedacht zu haben meint als die anderen. Doch die Freude daran vergeht mit der Zeit. Für mich hat die Wüste ihren Charme verloren. Ich höre auf – hoffentlich für immer.

II. Einwanderung

Verwirrung der Zungen

Warum Großbritannien und Frankreich sich mit Migranten schwertun

Als ich neulich als Sachverständiger in einem Mordprozess auszusagen hatte, wurde ich mir eines kleinen rechtlichen Problems bewusst, welches der zunehmend multikulturelle Charakter unserer Gesellschaft mit sich bringt. Nach englischem Recht ist jemand des Mordes schuldig, wenn er jemanden mit der Absicht tötet, diesen entweder umzubringen oder schwer zu verletzen. Doch der Täter ist eines minder schweren Verbrechens namens Totschlag schuldig, wenn er zuvor in ausreichendem Maße provoziert wurde, oder wenn sein Geisteszustand zum Tatzeitpunkt so anormal war, dass es sich um einen Fall von verminderter Zurechnungsfähigkeit handelt. Der hier von Rechts wegen zur Anwendung kommende Lackmustest ist der Vergleich mit einem angenommenen Normalmenschen – dem Mann auf dem „Clapham omnibus", wie er in Großbritannien auch bezeichnet wird. Die Frage lautet, ob dieser Otto-Normalbürger sich unter ähnlichen Umständen auch provoziert gefühlt hätte oder ob sich der Geisteszustand des Angeklagten zum Zeitpunkt der Tötung sehr von dem eines Durchschnittsmenschen unterschied.

Doch wer ist dieser gewöhnliche Durchschnittsmensch heutzutage, wenn er aus hundert verschiedenen Ländern stammen kann? Der Angeklagte in meinem Fall war ein im Ausland geborener Sikh, der eine in England geborene Angehörige derselben Minderheit geheiratet und getötet hatte. Die Verteidigung argumentierte, jedoch ohne Erfolg, dass ein gewöhnlicher Mann aus der traditionellen Kultur seines Mandanten die wiederholte

Untreue seiner Frau als besonders verletzend empfinden würde und daher genauso gehandelt hätte.

Vorerst weisen die Gerichte solche Argumente zurück. Doch zufällig fand der Prozess in der selben Woche statt, in welcher der Erzbischof von Canterbury, Rowan Williams, kundtat, dass die Aufnahme eines Teils der islamischen Scharia in das britische Rechtssystem „unvermeidlich erscheint" und dass Menschen in einer multikulturellen Gesellschaft wie Großbritannien wählen dürfen sollten, unter welcher Rechtsprechung sie leben möchten. Angesichts solcher Ansichten war es ermutigend, dass es in der Jury einen Mann gab, der einer anderen Minderheitengruppe angehörte, einer Gruppe zumal, die traditionellerweise in Feindschaft mit der Gruppe des Angeklagten verbunden ist. Das Recht, Juroren ohne Angabe von Gründen anzufechten, was in der Vergangenheit den Ausschluss dieses Mannes bewirkt hätte, wurde in den letzten Jahren stark eingeschränkt, vor allem aus Mangel an Juroren. Dies ist auch gut, denn diese Rechtspraxis unterminiert die Rechtfertigungsgrundlage für das gesamte Jury-System, wonach nämlich normale Menschen, egal woher sie kommen, ihre Vorurteile links liegen lassen und ihre Mitbürger allein aufgrund der Beweislage beurteilen.

Probleme bei der Rechtsauslegung sind nicht die einzigen und auch nicht die wichtigsten Probleme, die in einer zunehmend breitgefächerten Gesellschaft entstehen können. Es gibt sogar unter den schon länger hier lebenden Einwanderern ein weitverbreitetes Unbehagen darüber, dass Großbritannien seinen eigenen Charakter verloren hat. Oder besser gesagt, dass der Verlust eines eigenen Charakters jetzt das Hauptmerkmal dieses Landes ist. Das Land, in das früher einmal Einwanderer kamen oder glaubten zu kommen, existiert nicht mehr. Es hat sich bis zur Unkenntlichkeit ver- ändert, viel mehr und radikaler als dies beim unumgänglichen Wandel der Fall ist, der die Menschen seit Beginn der Zivilisation begleitet hat. Das Gefühl für Kontinuität ist verlorengegangen, was für ein Land mit einer ungeschriebenen und auf Kontinuität fußenden Verfassung beunruhigend ist.

London ist jetzt eine der ethnisch diversesten Städte der Welt, ja nach einem Bericht der Vereinten Nationen ist die Vielfalt dort sogar noch größer als in New York. Und dabei geht es nicht bloß um bunte Bevölkerungssprenkel aus jeder Ethnie und jeder Nation oder um den bereichernden kulturellen Einfluss durch Fremde. Übrigens ist eine Kultur tot, wenn sie den Außenstehenden verschlossen bleibt, obwohl dies nicht unbedingt die einzige Art ist, wie eine Kultur aussterben kann. Gehen Sie nur einmal bestimmte Straßen in London entlang, um auf eine schier babylonische Sprachenvielfalt zu stoßen. Wenn ein Blinder sich lediglich an den Worten der vorbeigehenden Passanten orientieren müsste, um sich zurechtzufinden, wäre er verloren, obschon möglicherweise gerade das Fehlen einer vorherrschenden Sprache ein Hinweis auf den Standort sein könnte. Diese verwirrende Vielfalt heißt indes nicht, dass es nicht auch im heutigen Großbritannien monokulturelle Ausländer-Ghettos gibt.

Ein Drittel der Einwohner Londons wurde außerhalb Großbritanniens geboren. Das ist ein höherer Prozentsatz von Neuankömmlingen als in jeder anderen Stadt der Welt mit Ausnahme von Miami, und dieser Prozentsatz steigt sogar noch an. Und gleichermaßen zeigen die Ein- und Auswanderungszahlen für das Gesamtland, dass dessen Bevölkerung sich in einem rapiden Austauschprozess befindet. Viele der Neuankömmlinge kommen aus Pakistan, Indien und Afrika, andere aus Osteuropa und China. Wenn der jetzige Trend andauert, dann werden Experten zufolge in zwanzig Jahren zwischen einem Viertel und einem Drittel der britischen Bevölkerung außerhalb des Landes geboren sein, und mindestens ein Fünftel der ursprünglichen Bevölkerung wird ausgewandert sein. Großbritannien hatte immer schon Einwanderer: Französische Hugenotten, die nach der Aufhebung des Edikts von Nantes kamen, vor preußischer Repression flüchtende Deutsche, vor zaristischer Unterdrückung fliehende Juden und nach dem Zweiten Weltkrieg hier gebliebene italienische Kriegsgefangene – sie alle wurden absorbiert. Doch es waren nie so viele, und noch nie ging alles so schnell wie heute.

Es gibt durchaus Angst vor diesem nie dagewesenen demographischen Wandel, und die Bürger sagen mehrheitlich aus, wenn sie denn danach befragt werden, dass sie sich einen drastischen Rückgang der Einwanderung wünschen. Doch gleichzeitig scheut man sich davor, dies offen auszusprechen. Diese Zurückhaltung wird hervorgerufen durch Intellektuelle der selbsthassenden Sorte, welche die Zerstörung der nationalen Identität gutheißen und die, zum Teil auch zurecht, anführen, dass jede Person eine multiple Identität habe und dass Identität sich mit der Zeit verändern kann und sollte. Und eine zu starke Betonung der nationalen Identität habe in der Vergangenheit in die Barbarei geführt. Durch ständige Wiederholung haben sie den Leuten ein Schuldgefühl eingeimpft, so dass selbst leichte Zweifel an der Lebensfähigkeit einer Gesellschaft, die aus zig Ethnien und religiösen Gruppen besteht, die sich untereinander nicht sympathisch oder manchmal auch spinnefeind sind, dazu angetan sind, des extremen Nationalismus oder Faschismus verdächtigt zu werden. Sogar wenn man Zweifel an der Überlebensfähigkeit einer Gesellschaft hat, in der jeder sich als Teil einer unterdrückten Minderheit fühlt, wird man schnell mit Leuten wie Jean-Marie Le Pen oder schlimmeren in einen Topf geworfen. Diese Ängstlichkeit behindert eine Debatte über die Frage der Kultur. Angesichts der Geschichte des zwanzigsten Jahrhunderts in Europa ist diese Hemmung verständlich. Daraus folgt aber, dass man kaum der Frage nachgeht, welche Verbundenheit die Einwanderer in Großbritannien mit den Traditionen und Institutionen ihrer neuen Heimat aufweisen.

Ungeachtet irgendeiner Form von jener Zurückhaltung, die das intellektuelle Establishment mir einzuimpfen vermochte, muss ich zugeben, dass ich ein ambivalentes Verhältnis zu dieser nie dagewesenen Diversität in der britischen Gesellschaft habe. Natürlich stimmt es einen auf gewisse Weise froh, wenn man so viele verschiedene Menschen offenbar friedlich ihren täglichen Geschäften nachgehen sieht. Man findet indische Geschäfte, die sich auf polnische Waren spezialisiert haben. Junge Frauen in somalischer Tracht sprechen Englisch in breitem regionalem

Dialekt. Popmusik aus vielen Weltgegenden schallt aus Läden mit exotischen Produkten und klingt weitaus weniger schrecklich als entsprechende britische oder amerikanische Musik. Diese friedliche Mischung bestätigt, dass unsere Gesellschaft in der Tat offen, flexibel und tolerant ist. Und egal welche Auswirkungen dieser Zustrom von Menschen aus allen Ecken der Welt auch hat – zumindest brachte er eine dramatische Verbesserung des in Großbritannien erhältlichen Essensangebots.

Außerdem spricht einiges in meiner Familiengeschichte gegen eine allzu radikale Ablehnung von Einwanderung. Ich bin das Kind und der Enkel von Flüchtlingen, die damals mit genau den gleichen Argumenten gegen Einwanderung konfrontiert wurden wie heute, und es scheint sich für mich nicht zu ziemen, anderen die enormen Vorteile verweigern zu wollen, die ich selbst genießen durfte. Doch auf der anderen Seite ist es auch ganz klar möglich und sogar normal, dass Einwanderer und deren Nachkommen eine tiefe Verbundenheit mit der Kultur und den Institutionen des Landes entwickeln, das sie vor einem schrecklichen Schicksal bewahrt hat.

Wenn ich mir dann mein eigenes soziales Umfeld anschaue, entdecke ich eine erstaunliche Bandbreite, was die Herkunft angeht, obgleich das etwa für Amerikaner nichts Überraschendes wäre. Neulich erhielten meine Frau und ich eine Einladung zu einem Mittagessen. Ich habe ja bereits meine eigene Herkunft erwähnt: Die Großeltern väterlicherseits meiner Frau waren Griechen aus Smyrna, die das Glück hatten, in Frankreich Aufnahme zu finden, als die gesamte griechische Bevölkerung der Stadt aufgrund des Krieges zwischen Griechenland und der Türkei im Jahre 1920 entweder getötet oder vertrieben wurde. Unser Gastgeber bei besagtem Mittagessen war Arzt und Angehöriger der Sikh-Religion, der in einem Krankenhaus in Delhi angestellt war. Als in dieses Krankenhaus die gerade von einem Sikh-Leibwächter ermordete Indira Gandhi eingeliefert wurde, musste der Arzt vor einem alle Sikhs meuchelnden Mob fliehen. Seine Frau war eine griechische Zypriotin, die als Kind vor der türkischen Invasion der Insel fliehen musste, wobei ihre Eltern alles verloren, bevor sie nach England kamen. Alle von uns kennen also entweder aus eigener Erfahrung oder durch nahe Verwandte, welch schreckliche Folgen eine zu exklusive nationale oder religi- öse Identität zeitigen kann. Und niemand von uns zweifelte je daran, dass es schlecht ist, jenen die Menschlichkeit abzusprechen, die nicht die eigene nationale, kulturelle oder religiöse Identität teilen.

Doch wir schlussfolgerten daraus keineswegs, dass es am besten sei, gar keine nationale, religiöse oder kulturelle Identität zu haben. Die Institutionen, die es uns ermöglichen, in Frieden, Freiheit und Sicherheit zu leben, verlangen Loyalität, wenn auch keine blinde Loyalität. Um loyal zu etwas sein zu können, muss man sich damit aber auch in gewisser Weise identifizieren. In einer Welt, in der es oberste Instanzen geben muss, ist auch eine Art von Identifikation mit diesen Instanzen notwendig. Eine zu rigide nationale Identität birgt Gefahren, aber eine zu lockere nationale Identität birgt ebensolche Gefahren. Ersteres resultiert in Aggression und Verachtung gegenüber anderen, das zweite verursacht eine Zersetzung der Gesellschaft von innen, was wiederum autoritäre Reparaturversuche provozieren kann.

Heimatliebe hat für mich nie etwas zu tun gehabt mit Blindheit gegenüber den Defiziten des Landes oder mit Hass auf andere Nationen. Ich habe einen großen Teil meines Lebens glücklich im Ausland verbracht und habe in jedem Land, in dem ich lebte, besondere Vorzüge gesehen, von denen es einige in meinem eigenen Land nicht gibt. Und ich fühle mich weitaus wohler in der Gesellschaft gebildeter Ausländer als in der Gesellschaft so mancher Einheimischer des Landes, in dem ich geboren wurde. Diese Ausländer wissen in der Regel heutzutage weitaus besser als viele Eingeborene zu schätzen, was an der britischen Kultur so gut ist. Wenn Sie dieser Tage ein schönes Englisch hören wollen, dann suchen Sie nach gebildeten Indern oder Afrikanern.

Doch wenn man ehrlich ist, kann man auch nicht leugnen, dass viele Menschen, die im Rahmen des beispiellosen Zustroms von oft schlecht ausgebildeten Einwanderern – und das betrifft die meisten westeuropäischen Länder – zu uns gekommen sind, der sie aufnehmenden Gesellschaft nur wenig Interesse oder Wertschätzung entgegenbringen. Viele lernen kein Englisch oder sprechen es kaum und halten an Zwangsheiraten und anderen dem britischen Gewohnheitsrecht wesensfremden Praktiken fest. Eine Regierungsstudie fand vor ein paar Jahren heraus, dass die britischen Weißen und ethnischen Minderheiten ein völlig separates Leben führen und keinen Sinn für eine gemeinsame Nationalität haben. Und wie man heute weiß, ist eine verstörende Anzahl britischer Muslime bewiesenermaßen anfällig für die Ideologie des Islamismus. Eine Umfrage ergab jüngst, dass vierzig Prozent der britischen Muslime unter 24 unter der Scharia leben wollen. 36 Prozent befürworteten die Todesstrafe für den Abfall vom Islam. Was aufhorchen lässt, ist, dass die betreffenden Zahlen bei älteren Muslimen beträchtlich niedriger liegen. Eine andere Umfrage ergab, dass ein Fünftel der britischen Muslime Verständnis für die „Gefühle und Motive" der Londoner Selbstmordbomber hatten. Lediglich ein Drittel der britischen Muslime wollten laut einer Umfrage des „Guardian" mehr Integration in die britische Kultur.

Die Doktrin des Multikulturalismus entstand, das war zumindest in Holland so, als Antwort auf einen Zuwanderungszustrom, von dem man anfangs dachte, er sei nur temporärer Natur. Die ursprüngliche Absicht des Multikulturalismus war es, die Kultur der europäischen „Gastarbeiter" zu bewahren, so dass sie sich nicht entfremdet fühlen, wenn sie nach Beendigung ihrer Arbeitskontrakte wieder nach Hause zurückgekehrt sein würden. Diese Doktrin wurde erst dann zu einem Schlagwort der Linken und ein nützliches Werkzeug der kulturellen Demontage, als der Familienzuzug im Namen des Humanitarismus während der 60er Jahre zur normalen Politik wurde und die Gastarbeiter eine ständige Aufenthaltserlaubnis bekamen.

Nachdem ich in zwei Ländern, Frankreich und Großbritannien, gelebt habe, fand ich es aufschlussreich zu vergleichen, auf welche Art und Weise diese beiden Länder diese Einwanderer zu integrieren suchten. Beide machten sowohl etwas richtig als auch falsch, aber die französische Situation ist zumindest theoretisch gesehen einfacher, trotz aller städtischen Gewalt, die 2005 unter muslimischen „Jugendlichen" ausbrach.

Frankreichs Aufgabe ist vielleicht einfacher, da es ein ideologisch oder zumindest philosophisch grundierter Staat ist, während es sich bei Großbritannien um einen organisch gewachsenen Staat handelt. Der französische Staat ist trotz der weit zurückreichenden Geschichte Frankreichs ein neuer, wiedergeborener Staat. Er hat einen Gründungsmythos, nämlich die Französische Revolution, die in das Zeitalter der Freiheit, Gleichheit und Brüderlichkeit führte. Es spielt dabei keine Rolle, ob Frankreich jemals eines dieser Wunschziele in der Praxis umgesetzt hat – gibt es überhaupt ein politisches Ideal, das jemals eindeutig erreicht wurde? – oder dass der Sturm auf die Bastille in Wirklichkeit vielmehr recht schmutzig denn ruhmreich war. Es gibt die Begriffe „republikanische Gleichheit" und „republikanischer Elitismus". Der republikanische Elitismus meint, dass ein bestimmter gesellschaftlicher Status durch Fleiß und Talent erreicht wird, und basiert daher auf der republikanischen Gleichheit. Diese Begriffe bedeuten also etwas Greifbares und üben eine magische Anziehungskraft auf alle aus, die mit ihm konfrontiert werden. Und die Erhöhung dieses Mythos, der nahelegt, dass Freiheit, Gleichheit und Brüderlichkeit das Geburtsrecht jedes Menschen darstellen und dass Frankreich das Leuchtfeuer der Vernunft für die ganze Welt sei, bedeutete in der Theorie, dass jeder, der Frankreich zu seinem Heimatland macht, unmittelbar zu einem Franzosen wird, nicht zu einem armenischen, einem malischen oder einem anderen Bindestrich-Franzosen, sondern schlicht zu einem Franzosen.

Dieser Mythos hat in der Tat die französische Kulturpolitik geleitet. Dass Frankreich als Ergebnis der Revolution seit langem von Rechts wegen und nicht nur de facto ein säkularer Staat ist – auch Großbritannien ist ein säkularer Staat, wo religiöse Toleranz indes eine Folge der Gewohnheit, nicht des Rechts ist – ermöglichte es diesem Land, Kopftücher an öffentlichen Schulen zu verbieten, ohne sich dem Ruch antimuslimischer Bigotterie auszusetzen. Das Verbot basierte eben einfach auf der Gründungsphilosophie des Staates. Der real existierende Multikulturalismus ist nicht kompatibel mit der Gründungsmythologie der Aufklärung in Frankreich. Assimilation, nicht Integration ist das Ziel. Jeder lernt dieselbe Geschichte in Frankreich. Und „unsere Vorfahren, die Gallier" bedeutet keine biologische, sondern eine leicht zu verstehende kulturelle Realität.

Die Situation Großbritanniens gestaltet sich anders. Großbritannien ist kein ideologisch fundierter Staat und hat keinen Gründungsmythos, mit dem man sich leicht identifizieren kann. Die Schlacht von Hastings ist zu lange her und psychologisch gesehen zu fern, um heute irgendeine Resonanz zu zeitigen. Die Glorious Revolution von 1688 war eine zu unspektakuläre Angelegenheit und einfach nicht blutig oder heroisch genug. Und die moralische Bedeutung des englischen Bürgerkriegs ist zu widersprüchlich: Wie W.C. Sellars und R.J. Yeatman es in ihrem Buch „1066 and All That" ausdrückten, hatten die „Roundheads", also die Parlamentsanhänger, zwar recht, aber sie wirken zu abstoßend, während die royalistischen „Cavaliers" zwar unrecht hatten, aber romantisch rüberkommen.

Der französische Staat begann mit einem philosophischen Urknall, während der britische Staat sich evolutionär entwickelte. Der französische Staat schrieb vor, und der britische Staat verbot nichts. Die Traditionen des britischen Staates sind daher weitaus günstiger für den Multikulturalismus, da man hier den Menschen immer erlaubte, sich für alle möglichen Zwecke zwanglos zusammenzuschließen. Dieser Mangel an zentraler Steuerung tat der Gesellschaft gut, solange die Differenzen zwischen den Gruppen relativ unbedeutend und die Zahl der Einwanderer gering waren. Doch auf einmal gibt es viele verschiedene Gruppen, die nichts miteinander gemein haben, und jede dieser Gruppen ist stark genug, um ein eigenes Ghetto zu bilden. Und was noch schwerer wiegt ist, dass einige dieser Gruppen der übergreifenden Ordnung der britischen Gesellschaft offen feindselig gegenüberstehen. Und genau dann bringt der Laissez-Faire-Ansatz Probleme mit sich.

Man kann eine Ideologie schwerlich mit Hilfe einer Tradition bekämpfen.

Selbst ohne die Doktrin des Multikulturalismus wäre es nicht einfach gewesen, die Vorteile und die philosophische Untermauerung des Burkeschen nicht-ideologischen Staates Bauern zu vermitteln, die zum Beispiel aus dem pakistanischen Pandschab oder aus Bangladesch kommen. Die Vorteile und Fundamente sind wie die Cricket-Regeln: Man kann sie mit viel Übung und Hingabe lernen, aber es ist viel einfacher, sie als Teil des geistigen und kulturellen Erbes anzunehmen und in sie hineingeboren zu werden. Was würden Sie den Einwanderern zum Lesen geben, um ihnen die politische Tradition Großbritanniens nahezubringen? Vielleicht „Reflections on the Revolution in France" oder Michael Oakeshotts „Rationalism in Politics"? „Freiheit, Gleichheit und Brüderlichkeit" dagegen ist ein Slogan und viel einfacher zu vermitteln und zu verinnerlichen.

Was das ganze noch verschlimmerte, war der Umstand, dass der Multikulturalismus in Großbritannien zahllose Gelegenheiten für eine berufliche Karriere und eine Quelle der politischen Patronage bietet. Sogenannte Experten für kulturelle Sensitivität und Chancengleichheit – das sind in aller Regel Leute, deren Ambitionen bei weitem ihr Talent übersteigen, wenn man mal vom Talent für bürokratische Intrige absieht – schufen sich kleine Imperien, deren fortdauernde Existenz abhing vom Vorhandensein ethnischer und anderer sozialer Brüche. Das Krankenhaus, in dem ich einst arbeitete, schickte neulich dem Personal einen Fragebogen, in dem die Personalabteilung mit Details über Rasse (17 Kategorien), sexuelle Orientierung (sechs Kategorien), Familienstand (sechs Kategorien) und Religion (sieben Kategorien) versorgt werden sollte, um Diskriminierung in jeder der daraus resultierenden möglichen 4.284 Kategoriekombinationen beseitigen zu können. So geht natürlich den Gleichstellungsbürokraten die Arbeit niemals aus.

Es überrascht daher vielleicht nicht wirklich, dass französische muslimische Einwanderer kulturell gesehen besser integriert sind als britische. Eine Studie des Pew Center zeigt, dass sechs mal mehr Muslime in Frankreich als in Großbritannien ihre nationale Identität für wichtiger halten als ihre religiöse Identität: 42 Prozent im Vergleich zu sieben Prozent. Dieser Unterschied resultiert wahrscheinlich nicht allein aus der Kulturpolitik, da Muslime aus Nordafrika, woher die meisten französischen Muslime kommen, von vorneherein mehr geneigt sind zu glauben, dass der Islam mit einer westlichen Bürgerschaft kompatibel ist. Muslime in Frankreich stechen vom Rest der Bevölkerung auch weniger durch ihre Kleidung hervor als dies bei den Muslimen in Großbritannien der Fall ist. In den muslimischen Gegenden in Frankreich sehen die Menschen zwar auch anders aus, aber man denkt nicht, wie das in zunehmendem Maße in Großbritannien der Fall ist, dass die Bevölkerung des pakistanischen Nordwest-Territoriums massenweise in die Innenstädte und Vorstädte eingewandert ist. Und diese größere kulturelle Assimilation ist real, trotz der Tatsache, dass muslimische Viertel in Frankreich räumlich gesehen oft so isoliert von den Innenstädten gelegen sind wie früher nur die schwarzen Townships von den Weißenvierteln in Südafrika, was wiederum für britische Verhältnisse nicht zutrifft.

Es gibt noch einen anderen größeren Unterschied zwischen den muslimischen Vierteln in Frankreich und Großbritannien, doch diesmal liegt der Vorteil bei Großbritannien: Die relative Leichtigkeit in Großbritannien verglichen mit dem schwer regulierten Frankreich, ein Unternehmen zu gründen, hat zur Folge, dass Kleinunternehmen die britischen Muslimviertel dominieren, während es so etwas in den französischen Banlieues nicht gibt, es sei denn, man erkennt Drogenhandel als unternehmerische Tätigkeit an. Das ist einer der Gründe dafür, dass London nun die siebtgrößte französischsprachige Stadt der Welt ist, denn viele ehrgeizige junge Franzosen, darunter viele Muslime, ziehen dorthin, um Unternehmen zu gründen. Da viele der Unternehmen in den muslimischen Vierteln Großbritanniens Restaurants sind, die von nicht-muslimischen Kunden bevorzugt werden, ist die Isolation von Muslimen von der Restbevölkerung nicht so groß wie in Frankreich.

Doch vermehrter Kontakt zwischen Menschen führt nicht unbedingt zu mehr gegenseitiger Sympathie. Ein gro- ßer Teil der in Großbritannien geborenen muslimischen Terroristen, die hier gefasst wurden, sind Kinder vermögender Kleinunternehmer, die die Universität besucht haben und deren jeweilige Berufsaussichten gut gewesen wären, hätten sie den normalen Karrierepfad eingeschlagen. Es sind erstens die kulturelle Entfremdung, zweitens die Bereitschaft, sich einer Ideologie des Hasses auszuliefern, die eine Antwort auf das persönliche Bedürfnis nach einer fixen Identität gibt und die eine Beseitigung der kulturellen Verwirrung verspricht, und drittens ein verfügbares Einkommen, die sie zu Terroristen machen. Armut spielt dabei keine Rolle.

In Frankreich sind die Kinder der muslimischen Einwanderer vielleicht nicht so entfremdet von der einheimischen Kultur wie in Großbritannien, doch die fehlende Flexibilität des französischen Arbeitsmarkts führt zu einer Frust verursachenden Langzeitarbeitslosigkeit. In Großbritannien hat dagegen ein relativer wirtschaftlicher Erfolg nicht zu einer kulturellen Integration geführt. Daher haben wir Stra- ßenschlachten in Frankreich und Terrorismus in Großbritannien.

Für eine Lösung ist es vielleicht nun schon zu spät, obwohl nach den Bomben von London Premierminister Tony Blair und der damalige Finanzminister Gordon Brown jenen nationalen Werten ihre Reverenz erwiesen, die sie zuvor so sehr unterminiert hatten. Eine Lösung wäre eine Kombination aus französischer kultureller Robustheit und britischer wirtschaftlicher Flexibilität. Das wäre so etwas wie das amerikanische Ideal des Schmelztiegels, welcher, früher mehr als heute, auf einer klaren Vorstellung davon basiert, was es heißt, Amerikaner zu sein, verbunden mit wirtschaftlicher Freiheit. Die britische Vorstellung, dass wirtschaftliche Chancen allein zu einer blühenden Gesellschaft führen können, ohne dass man eine gemeinsame Kultur hat, ist an der Realität gescheitert, während die französische Vorstellung, dass es genüge, Freiheit, Gleichheit und Brüderlichkeit zu lehren, dabei aber die Chancen eines echten

wirtschaftlichen Sprungs nach vorne behindert werden können,
ebenso problemanfällig ist.

Die Labour-Regierung unter Brown ist sich der Umfragen
zur Einwanderung bewusst und hat gerade ein paar zögerliche,
aber wirksame Schritte getan, indem sie die Staatsbürgerschaft
auf Probe eingeführt hat, damit die Anwärter vor der Einbürge-
rung zeigen können, dass sie Englisch sprechen, Steuern zahlen
und Gefängnis vermeiden können. Großbritannien und Frankreich waren nie gut darin, voneinander zu lernen: Der Ärmelka-
nal kann schon ein Ozean sein.

III. Iwan Turgenjew und Karl Marx

Echte und falsche Menschenliebe

Individuum oder Masse als Maßstab

Nahezu jeder Intellektuelle gibt vor, dass ihm das Wohlergehen der Menschheit und ganz besonders das Wohlergehen der Armen am Herzen liege. Doch da es auch keinen Massenmord gibt, ohne dass seine Anstifter behaupten, etwas Gutes für die Menschheit zu leisten, kann sich eine philanthropische Gesinnung ganz offensichtlich auf recht mannigfaltige Art und Weise ausdrücken.

Zwei große europäische Schriftsteller des neunzehnten Jahrhunderts, Iwan Turgenjew und Karl Marx, veranschaulichen diese Vielfalt sehr deutlich. Beide wurden 1818 geboren und starben 1883, und ihre Lebenswege weisen auch in anderer Hinsicht fast unheimlich anmutende Parallelen auf. Und dennoch betrachteten sie das Leben der Menschen und deren Leiden auf sehr unterschiedliche, ja miteinander unvereinbare Weise, wie als ob sie durch entgegengesetzte Enden eines Fernrohrs blickten. Turgenjew sah die Menschen als Individuen, die stets mit einem Gewissen, mit Charakter, Gefühlen, moralischen Stärken und Schwächen ausgestattet sind. Marx indes sah sie stets als Schneeflocken in einer Lawine, als noch nicht ganz menschliche und völlig von der Umwelt konditionierte Bestandteile allgemeiner Wirkkräfte. Wo Turgenjew Menschen sah, gewahrte Marx Klassen von Menschen. Wo Turgenjew einzelne Leute sah, sah Marx das Volk. Diese beiden Weltsichten bestehen bis in unsere Zeit fort und üben wohl oder übel auch einen großen Einfluss auf die Lösungen aus, die wir für unsere gesellschaftlichen Probleme vorschlagen.

Die Gemeinsamkeiten bei den Lebensläufen dieser Männer beginnen damit, dass beide teilweise zur selben Zeit an der Universität von Berlin studierten und dort sehr vom dominierenden Hegelianismus beeinflusst, ja man könnte sagen infiziert wurden. Danach erwogen beide eine Karriere als Dozent für Philosophie, doch keiner von ihnen bekam jemals eine Universitätsstelle. Sie hatten zahlreiche gemeinsame Bekannte, darunter auch Michail Bakunin, der russische und später zum Anarchisten mutierte Adelige, sowie der Philosoph Bruno Bauer und der radikale Dichter Georg Herwegh. Turgenjew und Marx machten sich beide um Geld keine Sorgen, wahrscheinlich weil sie beide in wohlhabende Umstände hineingeboren worden waren und daher davon ausgingen, dass Geld nie ein Problem sein würde. Beide begannen ihre schriftstellerische Karriere als romantische Dichter, wobei mehr von Turgenjews als von Marxens Dichtung zur Veröffentlichung gelangte.

Es gab bei beiden Männern ähnliche literarische Einflüsse und Vorlieben. Beide betrieben eine umfangreiche Lektüre griechischer und lateinischer Klassiker, und beide konnten Shakespeare im Original zitieren. Beide lernten Spanisch, um Calderón lesen zu können, wobei Turgenjew natürlich auch die Muttersprache der großen, aber unerfüllten Liebe seines Lebens lernen wollte, nämlich der Primadonna Pauline Viardot. Beide Männer waren in Brüssel, als die 1848er Revolution gegen die Juli-Monarchie in Frankreich ausbrach, und beide machten sich auf, um die Ereignisse von woanders zu verfolgen. Turgenjews engster russischer Freund, Pawel Annenko, dem er einen Teil seines Werkes widmete, kannte Marx gut aus Brüssel und beschrieb ihn auf nicht gerade schmeichelhafte Weise.

Die Geheimpolizei beschattete beide Männer, und beide lebten recht lange und starben im Exil. Beide zeugten mit Untergebenen Kinder, im Falle Turgenjews war es eine Jugendsünde, und bei Marx passierte es, als er in den besten Jahren war. Doch im Gegensatz zu Marx erkannte Turgenjew die Vaterschaft an und kam für sein Kind auf.

Beide Männer kannte man wegen ihrer Sympathien mit den Geknechteten und Unterdrückten. Doch bei allen Ähnlichkeiten, was Erziehung und Erfahrungen angeht: Die Qualität des Mitleids könnte bei beiden Männern nicht unterschiedlicher sein. Denn bei dem einen war das Mitleid bezüglich des Leidens eines jeden Einzelnen echt, beim anderen jedoch war es ein abstraktes und allgemeines Leiden, mithin kein echtes Mitleiden.

Um sich diesen Unterschied zu verdeutlichen, kann man Turgenjews 1852 geschriebene Geschichte „Mumu" mit dem vier Jahre früher verfassten „Kommunistischen Manifest" von Marx vergleichen. Beide genau gleich langen Werke entstanden unter schwierigen Umständen: Marx, der wegen umtrieblerischer Aktivitäten aus Frankreich ausgewiesen worden war, residierte ungewollt in Brüssel und hatte kein Einkommen, während Turgenjew in Spasskoje, seinem abgelegenen Anwesen südwestlich von Moskau, unter Hausarrest stand, weil er „Aufzeichnungen eines Jägers" geschrieben hatte, ein implizit gegen die Leibeigenschaft gerichtetes und daher subversives Buch. Der Zensor, der die Veröffentlichung zugelassen hatte, wurde entlassen und ihm wurde die Pension gestrichen.

„Mumu" spielt in Moskau zur Zeit der Leibeigenschaft. Gerassim ist ein taubstummer Leibeigener von großer Gestalt und Kraft, dessen Besitzerin, eine alte und tyrannische Großgrundbesitzerin, ihn vom Lande in die Stadt gebracht hatte. Unfähig, sich mit Worten auszudrücken, umwirbt Gerassim linkisch ein Mädchen namens Tatjana, das ebenso der Großgrundbesitzerin gehört. Doch aus einer Laune heraus beschließt die Herrin, eine mürrische und verbitterte Witwe, deren Name an keiner Stelle genannt wird, Tatjana mit einem anderen Leibeigenen zu verheiraten, einem versoffenen Flickschuster namens Kapiton. Gerassims Hoffnungen werden also zunichtegemacht.

Nicht lange danach entdeckt Gerassim in einem schmutzigen Bach einen Welpen, der gerade zu ertrinken droht. Er rettet das Tier und päppelt es auf, bis aus ihm ein prächtiger und ausgewachsener Hund geworden ist. Er nennt ihn „Mumu“, das Äußerste, was der Taubstumme zu stammeln vermag, und bald kennt jeder im Anwesen der Moskauer Herrin „Mumu“. Gerassim hängt leidenschaftlich an dem Hund, der sein einziger echter Freund ist und dem er erlaubt, in seinem kleinen Zimmer zu wohnen. Der Hund folgt Gerassim überall hin und ist ganz närrisch nach ihm.

Eines Tages schaut die Herrin aus dem Fenster, erblickt Mumu und verlangt, dass man ihn zu ihr bringe. Doch Mumu hat Angst vor ihr und fletscht die Zähne. Die Herrin entwickelt eine spontane Aversion gegen den Hund und befiehlt, ihn aus ihrem Anwesen zu entfernen. Ein Diener nimmt den Hund und verkauft ihn an einen Fremden. Gerassim sucht Mumu verzweifelt und vergebens, doch sehr bald findet Mumu von selbst wieder nach Hause zurück, und Gerassim ist überglücklich.

Leider bellt Mumu in der kommenden Nacht und weckt die Herrin auf, die sich in ihrer Nachtruhe empfindlich gestört fühlt. Diesmal befiehlt sie, den Hund umzubringen. Ihre Diener suchen Gerassim auf und teilen ihm gestikulierend ihr Anliegen mit. Gerassim fügt sich in das Unvermeidliche und verspricht, den Hund selbst umzubringen.

Es folgen zwei unerträglich ergreifende Abschnitte. Im ersten bringt Gerassim Mumu zur örtlichen Schenke: „In der Schenke kannte man Gerassim und verstand seine Zeichensprache. Er bestellte Kohlsuppe mit Fleisch und setzte sich hin, die Arme auf den Tisch gelehnt. Mumu stand neben seinem Stuhl und schaute ihn ruhig mit seinen intelligenten Augen an. Sein Fell glänzte buchstäblich, er war offensichtlich erst kurz zuvor gekämmt worden. Man brachte Gerassim seine Kohlsuppe. Er tat etwas Brot hinein, schnitt das Fleisch in kleine Stücke und stellte die Schüssel auf den Boden. Mumu begann auf seine gewohnt behutsame Art zu essen, wobei seine Schnauze das Essen kaum berührte. Lange beobachtete Gerassim das Tier. Zwei schwere Tränen rollten plötzlich aus seinen Augen: Eine fiel auf die Stirn des Hundes, die andere in die Suppe. Er bedeckte sein

Gesicht mit der Hand. Mumu aß die halbe Schüssel leer, leckte sich und trottete davon. Gerassim stand auf, zahlte für die Suppe und ging."

Er nimmt Mumu mit zum Fluss und liest unterwegs ein paar Ziegelsteine auf. Am Ufer besteigen sie ein Boot und rudern hinaus. „Schließlich richtete sich Gerassim hastig und mit einem bitteren Gesichtsausdruck auf, band die Ziegelsteine mit einer Schnur zusammen, machte eine Schlinge, hing sie um Mumus Nacken, hievte das Tier über den Fluss und schaute es ein letztes Mal an ... Vertraulich und furchtlos blickte Mumu ihn an und wedelte mit dem Schwanz. Gerassim wendete sein verzerrtes Gesicht ab und ließ es geschehen .... Gerassim hörte nichts, weder das Winseln des fallenden Mumu, noch das aufspritzende Wasser. Für ihn war ja selbst der lauteste Tag ruhig und geräuschlos, so geräuschlos wie für uns nicht einmal die stillste Nacht. Und als er wieder die Augen öffnete, rieselten auf der Flussfläche die sanft einander jagenden Wellen und platschten wie zuvor an die Ränder des Boots, und nur weit hinter ihnen kräuselten sich zwei breite Wellenringe ans Ufer heran." Wir erfahren, dass Gerassim nach Mumus Tod in sein Dorf zurückläuft, wo er als Leibeigener Feldarbeit leistet. Doch er geht nie mehr eine enge Bindung zu einem Menschen oder zu einem Hund ein.

Als der feinsinnige russische Aristokrat und Exil-Revolutionär Alexander Herzen die Geschichte las, zitterte er vor Wut. Thomas Carlyle sagte, dies sei die rührendste Geschichte, die er jemals gelesen habe. John Galsworthy meinte, dass „niemals je ein bewegenderer Protest gegen tyrannische Grausamkeit zu Papier gebracht wurde". Und ein Verwandter Turgenjews, dem der Autor „Mumu" vorlas, schrieb danach: „Was für ein menschlicher und guter Mann muss jemand sein, der den Erfahrungen und Qualen einer anderen Seele derart verständnisvoll Ausdruck verleihen kann!"

Die Geschichte ist autobiographisch, und die tyrannische, nörgelnde, willkürliche und selbstsüchtige Großgrundbesitzerin ist die Mutter des Autors, Warwara Petrowna Turgenjewa. Die früh verwitwete Frau war auf ihrem Anwesen eine absolute

Monarchin. Viele Geschichten über ihre Grausamkeit sind uns überliefert worden, auch wenn nicht alle belegt sind: So soll sie zwei Sklaven nach Sibirien geschickt haben, weil sie ihre Herrin beim Vorbeigehen nicht gesehen und sich nicht gebührend vor ihr verbeugt hatten. Und das Vorbild für Gerassim war ein taubstummer Sklave namens Andrej, der Warwara Petrowna gehörte.

„Mumu" ist zwar ein leidenschaftlicher Protest gegen die Willkür eines Menschen gegenüber seinen Mitmenschen, doch ist die Geschichte nicht explizit politisch. Obwohl sie augenscheinlich gegen die Leibeigenschaft gerichtet ist, suggeriert sie nicht, dass Grausamkeit ein typisches Alleinstellungsmerkmal feudaler Landherren sei, und dass man nach der Abschaffung der Sklaverei nicht mehr auf der Hut gegenüber solchen Grausamkeiten sein müsse. Wenn Macht ein menschliche Beziehungen ständig begleitender Wesenszug ist – und sicherlich konnten nur Heranwachsende und bestimmte Intellektuelle wie Marx sich das Gegenteil vorstellen – dann ist „Mumu" ein ständiger Aufruf zum Mitleid, zur Zurückhaltung und zur praktizierten Gerechtigkeit. Deswegen vermag „Mumu" selbst mehr als 140 Jahre nach Abschaffung der Leibeigenschaft immer noch die Leser zu Tränen zu rühren. Während die Geschichte zu einer bestimmten Zeit an einem festgelegten Ort spielt, ist sie doch auch universell.

Turgenjew tut nicht so, als ob seine Figuren etwas anderes seien als Individuen mit eigenen persönlichen Charaktereigenschaften. Er scheint sie nicht bloß als Mitglieder einer Gruppe oder Klasse zu sehen, die zwangsläufig und vorherbestimmterweise agieren wie Straßenbahnen auf Schienen. Seine sorgfältige Beobachtung selbst des bescheidensten Menschen ist der wirkungsvollste Beleg für Turgenjews Glauben an die Menschlichkeit. Als Großaristokrat und als Bekannter vieler europäischer Geistesgrößen scheute er sich nicht, selbst den ärmsten gehör- und sprachlosen Bauern ernstzunehmen. Turgenjews unterdrückte Bauern waren vollständige menschliche Wesen, die mit einem freien Willen sowie der Fähigkeit zum moralischen Urteil ausgestattet waren.

Er kontrastiert Gerassims Zärtlichkeit gegenüber Mumu mit der selbstsüchtigen Verdrießlichkeit der Großgrundbesitzerin. „Warum soll dieser Stumme einen Hund haben?" fragt sie, ohne dass ihr auch nur einen Moment lang der Gedanke kommt, dass „dieser Stumme" auch eigene Interessen und Gefühle haben könnte. „Wer hat ihm erlaubt, auf meinem Anwesen einen Hund zu halten?"

Turgenjew geht nicht davon aus, dass die fast absolute Macht der Landherrin irgendwie beneidenswert sei. Obwohl sie auf oberflächliche und salbungsvolle Art religiös ist, betrachtet sie Gott als ihren Diener, nicht als Herrn, und sie erkennt weder göttliche noch gesetzliche Grenzen an, was die Vollstreckung ihres Willens angeht. Daraus folgt, dass sie eine elende Person ist, die in einem ständigen Zustand der Verärgerung, der Unzufriedenheit und der Hypochondrie lebt. Die Erfüllung ihrer Launen bringt ihr kein Vergnügen, eben weil es sich um Launen handelt, nicht aber um wirkliche Wünsche. Und da sie Gehorsam gewohnt ist und glaubt, dass sie diesen verdiene, empfindet sie jegliche Resistenz, ja selbst den Widerstand der Zeit, als unerträgliche Zumutung.

Als der Herrin zum Beispiel Mumu hereingebracht wird, spricht sie mit dem Hund in einer süßlichen und einschmeichelnden Weise, doch als das Tier nicht wie gewünscht reagiert, ändert sie ihren Tonfall. „Bringt ihn weg, diesen widerlichen kleinen Köter!" Im Gegensatz zu Gerassim, der Mumu mit zärtlicher Hingabe aufgezogen hat, will die Herrin, dass der Hund sie sofort liebt, und zwar nur deswegen, weil sie die Herrin ist.

Ihre Macht lässt sie unaufrichtig werden und unfähig zur Selbstreflektion. Als Gerassim, nachdem er Mumu ertränkt hatte, verschwindet, „flüchtete sie sich in einen Wutausbruch, sie vergoss Tränen und befahl, ihn unbedingt zu finden. Sie beteuerte, niemals die Tötung des Hundes beauftragt zu haben, und hielt dem Diener eine Standpauke." Ihre Weigerung, Verantwortung zu übernehmen, ist frappierend. Turgenjew weiß, dass Macht korrumpiert, und dass die Unfähigkeit, den eigenen Launen irgendwelche Grenzen zu setzen, das Empfinden von Glück unmöglich macht. Doch er weiß auch, dass keinerlei gesellschaftliche Umwälzungen solche Gefahren zu beseitigen vermögen.

Auch glaubt Turgenjew nicht, dass die Opfer der Macht von Großgrundbesitzern allein durch ihre missliche Lage noble Menschen seien. In der Geschichte sind auch sie intrigant und hinterhältig und manchmal auch gedankenlos und grausam. Ihre Hänseleien werden lediglich durch die Angst vor Gerassims Körperkraft im Zaume gehalten, und sie haben auch kein Mitleid mit seiner unglücklichen Lage. Als Gavrilo, der Haushofmeister der Großgrundbesitzerin, sich an die Spitze einer Abordnung von Dienern stellt, um Gerassim mitzuteilen, dass dieser Mumu für immer loswerden müsse, klopft er an Gerassims Tür und schreit „Aufmachen"! Es ertönt ein ersticktes Bellen, aber keine Antwort. „Ich sage dir, mach auf!" wiederholte er. „Gavrilo Andreitsch", rief Stepan von unten, „er ist taub, er hört nicht." – „Alle brachen in Gelächter aus."

Da ist kein Mitleid in ihrem Gelächter, weder an dieser noch an anderen Stellen der Geschichte. Grausamkeit ist nicht nur eine Domäne der Landbesitzer, und die Herzlosigkeit der Diener gegenüber Gerassim erinnert mich an eine Szene aus meiner Kindheit, als ich etwa elf Jahre alt war. Ich sollte mich wegen Karten für ein Fußballspiel anstellen – damals war ich aus mir heute unerfindlichen Gründen ein Fan dieses Spiels. Die Schlange war lang, und man musste mindestens zwei Stunden lang warten. Ein alter blinder Mann mit einem Akkordeon ging die Schlange entlang und sang das Lied „Der Mann, der die Bank in Monte Carlo knackte", während sein Kompagnon seinen Hut für Almosen aufhielt. Sie gingen an ein paar jungen Arbeitern vorbei, die ein Radio dabei hatten und dieses aufdrehten, um den Gesang des Blinden zu übertönen. Zu seiner Verwunderung lachten sie laut auf, während sein Begleiter den zum Schweigen gebrachten Mann wegführte.

Niemand intervenierte oder sagte den jungen Männern, wie schäbig sie sich gerade verhalten hatten. Ich war zu feige dafür. Doch in dieser kleinen Szene erkannte ich die permanente Fähigkeit des Menschen zur Unmenschlichkeit, eine Fähigkeit, die unabhängig ist von sozialen Bedingungen, gesellschaftlicher Schicht oder Erziehung.

Ein Vorfall, der sich viele Jahre später während meiner Zeit als praktischer Arzt auf einer Insel im Pazifischen Ozean ereignete, bestätigte diese Lektion. Neben der kleinen psychiatrischen Klinik befand sich eine hoch eingezäunte Leprakolonie. Jeden Nachmittag versammelten sich die Leprakranken am Zaun, um sich über die Irren lustig zu machen, die während ihrer Pause ihre seltsamen Tänze aufführten und unsichtbare Verfolger anschrieen.

Ein Sieg über die Grausamkeit ist nie nachhaltig und erfordert stattdessen dauerhafte Wachsamkeit, genau wie beim Erhalt der Freiheit.

Wenn wir uns nun von Turgenjew abwenden und uns Marx anschauen – obwohl das Kommunistische Manifest unter den Namen Marx und Engels firmiert, war es doch fast zur Gänze das Werk von Marx – dann betreten wir eine gallige Welt, eine Welt voller Ränke, Hass und Verachtung, jedoch ohne Mitgefühl und Mitleid. Es stimmt, dass auch Marx wie Turgenjew auf Seiten der Zukurzgekommenen und Habenichtse stand, jedoch auf eine völlig abstrakte Art und Weise. Wo Turgenjew hofft, uns zum menschlichen Benehmen anleiten zu können, ruft Marx uns zur Gewalt auf. Außerdem duldete Marx keine Mitbewerber auf dem Markt der Menschenfreundlichkeit. Stets schimpfte er auf alle tüchtigen Reformer. Wenn sie der Unterschicht angehörten, dann entbehrten sie seiner Meinung nach der philosophischen Untermauerung, um die Gründe für das Elend zu erkennen. Und wenn sie der Oberschicht angehörten, waren es Heuchler, die nur „das System" aufrechterhalten wollten. Nur er selbst kannte seiner Meinung nach das Geheimnis, wie man einen Albtraum in einen Wunschtraum verwandelte.

Tatsächlich sind die Massengräber, die seine Anhänger mit Millionen von Opfern füllten, bereits im „Manifest" vorgesehen. Die Intoleranz und der Totalitarismus drücken sich unter anderem in folgender Aussage aus: „Die Kommunisten sind keine besondere Partei gegenüber den anderen Arbeiterparteien. Sie haben keine von den Interessen des ganzen Proletariats getrennten Interessen."

Mit anderen Worten: Man braucht keine anderen Parteien, geschweige denn Individuen mit persönlichen Marotten. In der Tat muss, da die Kommunisten die Interessen des Proletariats so perfekt vertreten, jede Partei, die gegen die Kommunisten ist, per Definition schon gegen die Interessen des Proletariats sein. Und da die Kommunisten darüber hinaus „offen erklären, dass ihre Ziele nur durch die gewaltsame Umwälzung aller existierenden sozialen Bedingungen erreicht werden können", folgt daraus, dass Lenin und Stalin völlig im Recht waren, als sie ihre Gegner eliminierten. Und da laut Marx die Ideen der Menschen determiniert werden durch ihre Position in der ökonomischen Struktur der Gesellschaft, ist es nicht einmal nötig, dass man dem Klassenfeind seine Feindschaft erklärt, weil sich dies von vorneherein von selbst versteht. Insofern war die Ermordung der Kulaken die praktische Umsetzung der marxistischen Erkenntnistheorie.

Wenn Sie das Manifest lesen, dann scheint eine geisterhafte Prozession marxistischer Katastrophen daraus hervorzuwabern, ähnlich wie beim Hexengebräu in „Macbeth". Nehmen Sie zum Beispiel die Punkte acht und neun des kommunistischen Programms – interessanterweise sind es wie beim Programm Gottes am Sinai insgesamt zehn: „8. Gleicher Zugang zu Arbeit. Gründung von Industrie-Armeen, vor allem für die Landwirtschaft. 9. Kombination aus Landwirtschaft mit Industrie, Förderung der allmählichen Beseitigung der Gegensätze zwischen Stadt und Land." Diejenigen, die Pol Pots Regime und Ceausescus „Systemisierung" erlebt haben, bei der Dörfer vernichtet und durch halbfertige Hochhauswohnsiedlungen mitten in den Feldern ersetzt wurden, werden leicht den Quell ihres Unglücks wiedererkennen.

Im „Manifest" wird über das individuelle menschliche Leben lediglich gesagt, dass ein solches unter den gegenwärtigen Bedingungen nicht möglich sei. Zwar erwähnt Marx namentlich ein paar Autoren, aber nur, um sie mit teutonischem Hohn und

Verachtung zu überschütten. Für ihn gibt es gar keine Individuen oder richtigen Menschen. „In der bürgerlichen Gesellschaft ist das Kapital selbständig und persönlich, während das tätige Individuum unselbständig und unpersönlich ist.“

Es verwundert nicht, dass Marx nur in Kategorien spricht: Der „Bourgeois“, der „Proletarier“. Für ihn sind Individuen nichts als Klone, und ihre Identität, die sie mit unzähligen anderen Menschen teilen, ist nicht durch gleiche Gene, sondern durch identische Verhältnisse im ökonomischen System bedingt. Warum soll man den Einzelnen studieren, wenn man „die Menschen“ kennt?

Dies ist nicht die einzige Verallgemeinerung im „Manifest“, welche die gesamte Menschheit auf bloße Ziffern reduziert: „Worauf beruht die gegenwärtige, die bürgerliche Familie? Auf dem Kapital, auf dem Privaterwerb. ... Aber sie findet ihre Ergänzung in der erzwungenen Familienlosigkeit der Proletarier und der öffentlichen Prostitution ... Die bürgerlichen Redensarten über Familie und Erziehung, über das traute Verhältnis von Eltern und Kindern werden um so ekelhafter, je mehr infolge der großen Industrie alle Familienbande für die Proletarier zerrissen und die Kinder in einfache Handelsartikel und Arbeitsinstrumente verwandelt werden. ... Der Bourgeois sieht in seiner Frau ein bloßes Produktionsinstrument. ... Unsere Bourgeois, nicht zufrieden damit, dass ihnen die Weiber und Töchter ihrer Proletarier zur Verfügung stehen, von der offiziellen Prostitution gar nicht zu sprechen, finden ein Hauptvergnügen darin, ihre Ehefrauen wechselseitig zu verführen. Die bürgerliche Ehe ist in Wirklichkeit die Gemeinschaft der Ehefrauen. Man könnte höchstens den Kommunisten vorwerfen, dass sie an Stelle einer heuchlerisch versteckten eine offizielle, offenherzige Weibergemeinschaft einführen wollten.“

Der Hass und die Wut, die aus diesen Worten sprechen, sind unverkennbar. Doch obzwar Ärger ein echtes und mächtiges Gefühl ist, muss es nicht unbedingt ehrlich und kann auch mit klammheimlicher Freude verbunden sein. Es gibt, gerade bei Intellektuellen, die ständige Versuchung vorzugeben, dass ihre eigene Tugend direkt proportional zu ihrem Hass auf das Schlechte sei, und dass dieser Hass anhand der Vehemenz gemessen werden könne, mit der man das Schlechte anprangert. Doch als Marx diese Worte niederschrieb, wusste er sicherlich, dass er bestenfalls eine groteske Karikatur, schlimmstenfalls ein absichtliches Zerrbild produzierte, und zwar um zu täuschen und zu zerstören.

Als Familienmensch war er selbst auch nicht gerade besonders erfolgreich. Obgleich er eine bourgeoise Existenz führte, war sein Lebenswandel der eines Bohémien und von Unordnung und Verwahrlosung geprägt. Zwei seiner Töchter, Laura und Eleanor, begingen Selbstmord, auch aufgrund der Einmischung ihres Vaters in ihr Leben. Doch selbst sein ärgster Feind würde nicht behaupten, dass Marx in seiner Frau, Jenny von Westphalen, „ein bloßes Produktionsinstrument" gesehen habe, also sozusagen eine Art Spinnrad-Jenny. Die Hälfte seiner Jugendgedichte waren ihr gewidmet, und zwar auf eine überaus leidenschaftliche und romantische Weise und nur ein paar Jahre, bevor er das „Manifest" niederschrieb. Und obwohl ihre Beziehung sich später abkühlte, war er dennoch tief bestürzt über ihren Tod und überlebte sie nicht lange. Selbst er, der Informationen über Menschen hauptsächlich aus Büchern bezog, musste gewusst haben, dass die „Manifest"-Beschreibung der Beziehung zwischen Männern und Frauen grob verzerrt war. Sein Zorn ist daher, wie so mancher moderne Zorn, völlig künstlich und vielleicht Ausdruck eines Versuchs, sich eine geistige Großzügigkeit oder Menschenliebe anzueignen, die er zwar nicht besaß, aber besitzen zu müssen glaubte.

Sein fehlendes Interesse an den individuellen Menschenleben und -schicksalen, also das was Michail Bakunin einst als fehlende Sympathie mit der menschlichen Gattung bezeichnete, widerspiegelt sich auch in dem Umstand, dass er es nicht vermochte, die oft großmütigen Versuche von Arbeitern zu würdigen, ein würdevolles Familienleben inmitten schwierigster Umstände aufrechtzuerhalten. Stimmte es denn, dass die Arbeiter keine familiären Bindungen besaßen und dass ihre Kinder reine

Kommerzartikel waren? Für wen genau sollten sie denn Kommerzartikel gewesen sein? Es ist typisch für Marx' ungründliche Gedanken, dass er solche Fragen offen ließ und so tat, als ob Kommerz unabhängig von den Menschen existieren könne, die ihn betrieben. Nur seine Wut war so klar wie das Grinsen eines Honigkuchenpferds.

Marx' Verhältnis zur Wirklichkeit wird auch anhand seiner Unfähigkeit deutlich, sich vorzustellen, was passieren würde, wenn die von seiner Denkweise beeinflussten radikalen Intellektuellen ihre Ideen umsetzen und die bürgerliche Familie wirklich zusammenbrechen würde, wenn also „das praktische Fehlen der Familie" gesellschaftliche Wirklichkeit geworden wäre. Sicherlich wäre die erhöhte sexuelle Eifersucht, die weitverbreitete Verwahrlosung von Kindern und der Kindesmissbrauch, das Ansteigen der zwischenmenschlichen Gewalt – und all das in Zeiten nie dagewesenen materiellen Wohlstands – für jeden vorhersagbar gewesen, der sich etwas besser mit der menschlichen Seele ausgekannt hätte als Marx.

Vergleichen wir Marx' Derbheit mit Turgenjews Feinfühligkeit, auf die Henry James hinwies, der Turgenjew aus Paris kannte und ein Jahr nach dessen Tod einen Essay über ihn verfasste: „Wie alle vielschichtigen Menschen bestand er aus verschiedenen Teilen. Und was am meisten auffiel, war die Mischung aus Schlichtheit und feiner Beobachtungsgabe ... Ich hatte mich einmal dazu hinreißen lassen, von ihm zu sagen, dass er ein aristokratisches Temperament habe, eine Bemerkung, die ziemlich dumm anmutet, wenn man etwas mehr über ihn weiß. Er ließ sich nicht in irgendeine solche Definition hineinpressen, und wenn man sagen würde, er sei demokratisch, dann wäre das ebenso oberflächlich, auch wenn sein politisches Ideal die Demokratie war. Er war einfallsreich, spekulativ und alles andere als prosaisch ... Unsere herkömmlichen angelsächsischen, protestantischen und moralischen Standards kannte er nicht, doch er beurteilte die Dinge mit einer Freiheit und Spontaneität, die ich stets erfrischend fand. Sein Sinn für Schönheit, seine Wahrheits- und Rechtsliebe bildeten die Grundlage seines Naturells.

Ein großer Teil des Charmes seiner Konversation rührte daher, dass er eine Atmosphäre schuf, in der scheinheilige Phrasen und willkürliche Beurteilungen einfach lächerlich klangen."

Ich denke nicht, dass irgendjemand so etwas über Marx hätte sagen können. „Die Arbeiter haben keine Heimat. Wir können ihnen nicht nehmen, was sie nicht haben." Dies schrieb er als ein Mann, der soweit bekannt niemals die Meinung anderer lebender Menschen eingeholt hat. Seine Aussage über den Tod des Nationalgefühls war vorschnell, um es vorsichtig auszudrücken. Und als er schrieb, dass der Bourgeois seinen kulturellen Verlust bedauern würde, den die proletarische Revolution unweigerlich mit sich bringen würde, und dass diese Kultur „für die überwältigende Mehrheit eine bloße maschinenhafte Übung ist", dann verstand er nicht die zutiefst anrührenden Versuche von Arbeitern in Großbritannien, eben jene Kultur als befreiende und adelnde Tätigkeit anzunehmen. Man braucht gar keine Vorstellungskraft, um zu verstehen, dass es einer großen Standhaftigkeit bedurfte, tagsüber in einer viktorianischen Fabrik zu arbeiten und nachts Ruskin und Carlyle, Hume und Adam Smith zu lesen, so wie viele Arbeiter das taten. In britischen Antiquariaten kann man immer noch Bücher aus den damaligen Bibliotheken und Instituten finden. Doch diese Anstrengung hat Marx nie unternommen, da er so etwas für nutzlos hielt. Man könnte sich fragen, ob er nicht das Vorbild für jene kultivierten Wilden im heutigen akademischen Betrieb war, die anderen das zerstören, wovon sie selbst vorher profitiert hatten.

Im Gegensatz zu alledem bezog sich die Sympathie, die Turgenjew für die Unterdrückten zum Ausdruck brachte, auf lebende Menschen aus Fleisch und Blut. Da er wusste, was Henry James „die Rückseite des Lebens" nannte, wusste er auch, dass es keinen Endausgang der Geschichte und keine unvermeidliche Apokalypse gibt, bei der alle Gegensätze aufgelöst und alle Konflikte beigelegt werden und wonach die Menschen gut sind, da ihre Umgebung perfekt ist, und wonach jegliche politische und wirtschaftliche Kontrolle einer bloßen Verwaltung zum ausnahmslosen und gleichmäßigen Vorteil aller Platz macht. Marx' Eschatologie, die jeden gesunden Menschenverstandes und jeglicher Menschenkenntnisse entbehrte, beruhte auf bloßen Abstraktionen, die für ihn wirklicher waren als die realen Menschen um ihn herum. Natürlich wusste auch Turgenjew den Wert von Verallgemeinerungen zu schätzen und konnte Institutionen wie die Leibeigenschaft kritisieren, doch er tat es ohne dämliche utopische Illusionen. Denn er wusste, dass der Mensch ein Mängelwesen ist, das zwar zur Verbesserung fähig ist, nicht aber zur Perfektion. Das ist der Grund dafür, dass heute keine Massengräber mit dem Namen Turgenjew verbunden werden.

Marx behauptete, den Menschen zu kennen, doch au- ßer seinen Feinden kannte er keine Menschen. Obwohl er ein Hegelianischer Dialektiker war, interessierte er sich nicht für die Kehrseite des Lebens. Weder Freundlichkeit noch Grausamkeit leiteten ihn. Menschen waren für ihn nur die Eier, aus denen man eines Tages ein ruhmreiches Omelette machen könnte. Und er selbst würde das Werkzeug dafür sein.

Wenn wir uns unsere Sozialreformer, ihre Sprache, ihre Sorgen, ihren Stil und ihre Denkkategorien anschauen – ähneln sie eher Marx oder Turgenjew? Turgenjew, der einen wunderbaren Essay namens „Hamlet und Don Quijote" schrieb, ein für sich selbst sprechender Titel, wäre nicht überrascht, wenn er erführe, dass der marxistische Stil triumphiert hat.

Durch eine sonderbare Laune des Schicksals fanden die kaltherzigen marxistischen Utopisten in Russland eine zynische Verwendung für Turgenjews Geschichte „Mumu", indem sie zig Millionen Exemplare davon druckten, um ihre eigene mörderische Ruchlosigkeit zu rechtfertigen, mit der sie jegliche Spur der vormaligen Gesellschaft tilgten. Hätte Turgenjews Erzählung ein schrecklicheres und absonderlicheres Schicksal ereilen können als dass sie zur Rechtfertigung von Massenmord dienen musste? Könnte es ein beredteres Beispiel für die Fähigkeit der intellektuellen Abstraktion geben, welche die Herzen und Köpfe der Menschen jeglichen Schamgefühls und echten Mitleids mit ihren Mitmenschen beraubt?

Doch lassen Sie mich an ein Detail in Turgenjews und Marx' Biographie erinnern, in dem sie sich unterschieden. Als Marx beerdigt wurde, kam kaum jemand zu seinem Begräbnis. Vielleicht war dies auch die Rache des Schicksals dafür, dass er selbst der Bestattung seines Vaters nicht beigewohnt hatte, obwohl dieser ihn liebte und viel für ihn aufgab. Als dagegen die sterblichen Überreste von Turgenjew aus Frankreich in St. Petersburg ankamen, kamen Tausende von Menschen, darunter auch die Ärmsten der Armen, um ihm die letzte Ehre zu erweisen – und das aus gutem Grund.

IV. Zukunftsentwürfe der Vergangenheit

Anti-utopische Vorstellungen

Wo Huxley, London und Orwell ins Schwarze trafen

Warum bloß brachte das zwanzigste Jahrhundert so viele und so anschauliche Anti-Utopien hervor, also literarische Werke, die keine rosige, sondern eine eher grauenhafte Zukunft zeichnen? Schließlich gab es einen nie gekannten technischen Fortschritt. Noch nie konnte sich die Menschheit mit Fug und Recht freier von all den Bedrängnissen fühlen, die sie vorher so sehr gequält hatten. Hungersnöte gab es nun nur noch in Zeiten von Bürgerkriegen oder infolge bewusster Manipulationen durch totalitäre Regime. Und zum ersten Mal in der Geschichte durften die Menschen ein nahezu biblisches Alter erwarten. Die Medizin hatte jene furchtbaren Seuchen besiegt, die vormals ganze Völkerschaften dahingerafft hatten. Und wenn man nicht Luxusgüter genießen durfte, von denen der Sonnenkönig Ludwig XIV. nie auch nur geträumt hätte, dann war dies auf einmal ein Beleg für unerträgliche Armut.

Doch obwohl die Technik uns von der Not – wenn auch nicht von der Sehnsucht – befreit hat, haben die politischen säkularen Heilslehren, nämlich Kommunismus und Nationalsozialismus, eine Barbarei hervorgebracht, die vielleicht nicht in ihrer Grausamkeit, so doch hinsichtlich ihrer Entschlossenheit, Effizienz und Gründlichkeit einzigartig war. Die Versuche, utopische Ideale zu verwirklichen, resultierten unweigerlich in Bemühungen, ganze Klassen oder Rassen zu eliminieren. Vor allem viele Intellektuelle hegten die utopische Idee eines natürlichen menschlichen Idealzustands, in dem die Welt gerecht und alle Menschen froh und weise sind. Lediglich übelwollende Klassen oder Rassen konnten demnach den Abfall vom paradiesischen Urzustand erklären. Dort wo Hoffnungen nicht realistisch sind, werden Ängste oft übertrieben, und wo lediglich Träumereien die Blaupause für politische Handlung bilden, kommt es zu Albträumen.

Es verwundert kaum, dass ein Jahrhundert voller utopischer Träume und gewaltsamer Gesellschaftsklempnerei für die Verwirklichung solcher Vorstellungen auch ein Jahrhundert reichhaltiger Anti-Utopien war. Tatsächlich wurden Anti-Utopien von der „Zeitmaschine" bis hin zum „Blade Runner" zu einem eigenständigen literarischen und filmischen Genre, und Aldous Huxleys „Schöne neue Welt" sowie George Orwells „1984" wurden so sehr zum festen Bestandteil des westlichen Gedankenschemas, dass selbst ungebildete Menschen diese Romantitel verwenden, um gegenwärtige Verhältnisse zu kritisieren.

Die Anti-Utopisten sehen nicht mit jenem Optimismus in die Zukunft, der darauf gründet, dass die zunehmende Beherrschung der Natur auch mehr Glück mit sich bringe, sondern sie teilen den Pessimismus jener, die davon ausgehen, dass der Mensch mit fortschreitender Kontrolle der Natur die Kontrolle über sich selbst verliere. Ihnen zufolge sind die Vorteile, die der technische Fortschritt mit sich bringt, nichts im Vergleich zu den furchtbaren Zielen, die der Mensch mithilfe dieses Fortschritts dereinst verfolgen wird.

Unser Interesse erregen die großen Negativ-Utopien nicht nur aufgrund ihrer technischen Vorhersagen, die aus heutiger Sicht oft auf lächerliche Weise naiv wirken. Die Zeitmaschine von H.G. Wells ist kaum mehr als ein ausgeklügeltes Fahrrad aus Elfenbein, Nickel und Quarz. Auch der mit einer Sendevorrichtung versehene Aluminiumhut des Radioreporters in „Schöne neue Welt" mutet uns heute lachhaft an – trotz der wissenschaftlichen Weitsicht, die man Huxley zugestand. Für „1984" denkt sich Orwell einen ölbetriebenen Computer aus Muttern und Schrauben aus, der mehr einer Dampfmaschine als einem Motherboard ähnelt.

Doch diese technische Naivität ist nicht weiter schlimm, denn die Anti-Utopie verfolgt vielmehr moralische und politische Ziele. Es handelt sich nicht um ein bloßes Kristallkugelschauen, sondern um besorgte und verzweifelte Kommentare zur zeitgenössischen Realität. Es sind Reisen in ausgedachte Welten, die zwar zeitlich, aber nicht so sehr geographisch von der Gegenwart entfernt liegen und deren Hauptmerkmal es ist, dass die von den Autoren ausgemachten bedeutenden gesellschaftlichen Trends übertrieben werden. Wir haben es mit einer „reductio ad absurdum" von Ideen über den gesellschaftlichen Fortschritt sowie mit sensiblen Indikatoren für die heute immer noch aktuellen Ängste der Zeitgenossen der Autoren zu tun.

Einige dieser Ängste erscheinen uns heute zwar als überflüssig und auf falschen Prämissen aufgebaut. Doch auch das Wissen um solch letztlich unbegründete Ängste ist heute gewinnbringend, da wir so dazu gebracht werden, unsere heutigen Sorgen genauer unter die Lupe zu nehmen und zu überlegen, ob es sich dabei nicht um ebensolche Chimären handelt. Die „Zeitmaschine" von Wells ist zum Beispiel eigentlich eine Abhandlung über die gesellschaftlich-medizinischen Ängste seiner Zeit, von denen sich die meisten im Nachhinein als unbegründet herausstellten.

Der Wells-Held reist 800.000 Jahre weit in die Zukunft. Die Menschheit hat sich in zwei Spezies aufgeteilt: Die tagaktiven Eloi und die nachtaktiven und unterirdisch lebenden Morlocks. Die Eloi sind sanfte und schwache Kreaturen von kleiner Statur und zartbesaitetem Benehmen, die ihre Zeit mit erotischen Spielen verbringen und leckere Früchte naschen. Die in ihren Untergrundfabriken schuftenden Morlocks stellen alles her, was die Elois für ihr sorgenfreies Leben brauchen. Doch nachts kommen die Morlocks gleich menschlichen Spinnen an die Oberfläche, um Elois zu jagen und zu verspeisen.

Wells' altmodischer Sozialdarwinismus und seine eugenischen Vorstellungen lassen sich anhand seiner Geschichte gut erkennen. Die Gesellschaft würde Wells zufolge in zwei Klassen zerfallen, aus denen sich schließlich aufgrund der unterschiedlichen Lebensbedingungen zwei separate Spezies entwickeln. Die einen sind die Kapitaleigentümer, die dem mentalen und physischen Verfall geweiht sind, weil sie nie ums Überleben kämpfen mussten. Die anderen sind die Arbeiter, die aufgrund ihrer harten Rackerei zunehmend verkümmern, unmoralisch und aggressiv werden. Mit seiner negativen Zukunftsvision wollte Wells zeigen, wohin eine solche Rollenverteilung letztendlich führen würde.

Vier Jahre nach der Veröffentlichung von „Die Zeitmaschine" brach der Burenkrieg aus, und die britischen Rekrutierungszentren schienen Wells' schlimmste Befürchtungen zu bestätigen. Eine erstaunlich große Anzahl britischer Arbeiter erfüllte nämlich keineswegs die nicht gerade anspruchsvollen physischen Anforderungen der Armee, so dass man diese sogar noch herunterschrauben musste. Eton-Schüler waren im Schnitt 15 Zentimeter größer als gleichaltrige Slum-Schulkinder. Hier hatten wir in der Tat zwei verschiedene Völker, und eine Aufspaltung in zwei Spezies schien für einen Darwin-Kenner wie Wells vielleicht unmittelbar bevorzustehen.

Doch kaum ein halbes Jahrhundert nach Wells' Tod haben seine Landsleute pro Jahrzehnt 2,5 Zentimeter an Körpergröße zugelegt. Sowohl die Eloi als auch die Morlocks schossen in die Höhe, da ihr Existenzkampf weniger hart und das Überleben sehr viel einfacher wurde.

Die Spaltung der Gesellschaft in zwei verschiedene Kasten ist auch das Thema in Jack Londons 1907 veröffentlichter Anti-Utopie „Die eiserne Ferse". Der Autor sieht ein Amerika voraus, in dem die plutokratische Oberschicht des „Vergoldeten Zeitalters" (der wirtschaftlichen Blütezeit in den USA zwischen 1870 und 1900) mithilfe angeheuerter Söldner gegen das verelendete Proletariat vorgeht. Entschlossen, ihren Wohlstand zu verteidigen, stellen die Plutokraten eine faschistische Organisation namens „Die eiserne Ferse" auf die Beine, welche die von der amerikanischen Verfassung garantierten Freiheitsrechte völlig abschafft, so dass Massenterror und das Verschwindenlassen von Menschen auf lateinamerikanische Art (was von London erschreckend deutlich vorweggenommen worden war) zur Regel werden. London übernimmt ganz Marx' Theorie von der ständig größer werdenden Kluft zwischen den Kapitalbesitzern und denjenigen, die nur ihre Arbeitskraft verkaufen. Er glaubt jedoch im Unterschied zu Marx, dass die proletarische Revolution in ferner Zukunft liege. Bis dahin würden sich die Menschen unter der Eisernen Ferse winden wie Würmer unter einem Stiefel.

Wie bei allen Utopien gelten Londons Sympathien zwar dem einfachen Mann, doch lässt er sich nicht dazu herab, viel Schmeichelhaftes über ihn zu schreiben. Er hasst zwar die „Eiserne Ferse", doch seine Liebe zu den Unterdrückten bezieht sich lediglich auf das Proletariat als menschliche Abstraktion. Dort wo London einen Aufstand schildert, ist man als Leser zunächst, obwohl das nicht die Absicht des Autors gewesen sein dürfte, auf Seiten der Eisernen Ferse: „Es war keine Kolonne, sondern ein lärmender Pöbelhaufen, ein abscheulicher Strom, der die Straße füllte, das Volk des Abgrunds, toll vor Trunkenheit und nach dem Blut seiner Unterdrücker brüllend. Ich hatte früher das Volk des Abgrunds gesehen, als ich durch seine Quartiere gegangen war, und ich glaubte es zu kennen, jetzt aber schien mir, als sähe ich es zum ersten Mal. Die dumpfe Apathie war verschwunden. Jetzt war es Urkraft – ein faszinierendes Schauspiel des Todes. Es erhob sich über jede Einbildungskraft hinaus zu körperlichen Wogen des Zornes, knurrend und murrend, fleischfressend, trunken von dem Schnaps aus geplünderten Läden, trunken von Hass und trunken von Blutgier – Männer, Frauen und Kinder, zerfetzt und zerlumpt, blöde, wilde Tiere, von deren Zügen alles Göttliche gewichen und Teuflischem Platz gemacht, Affen und Tiger, blutarme, schwindsüchtige, langhaarige Lasttiere, bleiche Gesichter, denen der Vampir Gesellschaft alle Lebenskraft ausgesogen hatte. Aufgedunsene, von Rohheit und Verkommenheit strotzende Gestalten, verwirrte Hexen und Totenköpfe mit Patriarchenbärten, schwärmende Jugend und schwärmendes Alter, Teufelsfratzen, krumme, verzerrte, missgestaltete Ungeheuer, von Krankheiten verzehrt und von dem Schrecken dauernder Unterernährung gebrochen – der Auswurf und Abschaum der

Menschheit, eine zerlumpte, johlende, vom Teufel besessene Horde.“

Und das ist London zufolge die letzte und einzige Hoffnung der Menschheit. Da erscheinen selbst die Morlocks noch besser.

Es überrascht nicht, dass die zwei größten Anti-Utopisten der Literatur, Huxley und Orwell, Engländer waren. Denn im zwanzigsten Jahrhundert Engländer zu sein, bedeutete in einem Klima des gnadenlosen Pessimismus zu leben. Es war eine Zeit des beständigen nationalen Verfalls. England begann als einflussreiche Weltmacht und endete als bloße Provinz, die sich mühte, mit Belgien oder Holland Schritt zu halten. Natürlich ging es den Bewohnern Großbritanniens materiell gesehen gegen Ende des Jahrhunderts besser als am Anfang, doch der gefühlte Wohlstand hängt weniger von der absoluten Lage ab als vielmehr vom Vergleich mit den Mitmenschen. Materieller Wohlstand und Verzweiflung gingen in England Hand in Hand, was einen guten Nährboden für anti-utopische Phantasien darstellte.

Huxleys Buch wurde 1932, Orwells 1949 veröffentlicht. Huxley fürchtete die zunehmende Amerikanisierung des britischen Lebens, obwohl er bald nach Erscheinen seines Buchs in Amerikas ultimative Region, nämlich nach Kalifornien, auswanderte. Orwell dagegen fürchtete die wachsende Sowjetisierung des englischen Lebens nach dem Zweiten Weltkrieg. Beiden schien es, dass ihre Heimat nicht mehr ausreichend intellektuelle, kulturelle und moralische Energie hätte, um seinen eigenen Gang durch die Geschichte zu gehen, und dass das Land vielmehr im Griff von Mächten sei, gegen die das Individuum vergebens ankämpfen musste.

Beide Anti-Utopien sind immer noch wirkmächtig, weil sie in einem fast biblischen Sinne prophetisch sind: Sie sind ständige Aufforderungen, sich gegen Trends zu stellen, die das Leben der Menschen weniger erträglich machen werden, egal von welcher politischen Macht sie kommen.

Huxleys „Schöne neue Welt“ ist in einer unendlich fernen Zukunft angesiedelt. Es wird noch auf viele Jahre hinaus unmöglich sein zu behaupten, dass Huxleys Vorahnungen sich als richtig erwiesen haben. Es ist unwahrscheinlich, dass menschliche Populationen einen solchen genetischen und umweltbedingten Wandel durchmachen, wie Huxley ihn gezeichnet hat. Es wird wohl nie eine feste Anzahl prädestinierter Schichten geben, also von Alpha Plus bis Epsilon Minus Semi-Moron. Doch da Wissenschaftler sich nun anschicken, Menschen zu klonen und die Fortpflanzung ebenso unabhängig wird vom Sex wie der Sex von der Fortpflanzung, wird es in zunehmendem Maße schwerer, Huxleys Vision als zu weit hergeholt anzusehen.

In „Schöne Neue Welt" wird eine Sexualordnung beschrieben, die immer mehr unserer gegenwärtigen ähnelt. So muss ein kleiner nicht einmal zehnjähriger Junge zum Psychologen, weil er nicht wie von seinen Lehrern verlangt bei erotischen Spielchen mit einem kleinen Mädchen mitmachen möchte. Einen solchen Zustand haben wir vielleicht bald tatsächlich erreicht. Die Sexualerziehung an den Schulen beginnt nicht nur immer früher, sondern auch die Druckerzeugnisse, Filme und Fernsehprogramme für die Jüngsten bekommen einen immer erotischeren Anstrich. Früher begleitete ein Schuldgefühl die ersten sexuellen Erfahrungen der jungen Leute. Heute dagegen zieht ein Mangel an solchen Erfahrungen Beschämung nach sich.

In Huxleys Anti-Utopie gehen, so wie bei heutigen Linksliberalen, Aufklärung und Permissivität Hand in Hand. Der Direktor der „Brut- und Normzentrale" erklärt seinen Schülern, wie es in den alten unaufgeklärten Zeiten zuging: „‚Was ich euch jetzt sagen werde', sagte er, ‚klingt unglaublich. Doch wenn man sich in Geschichte nicht auskennt, muten die meisten Tatsachen über die Vergangenheit unglaublich an.'

Dann erzählte er die verblüffenden Fakten. Lange Zeit galten demnach ... erotische Spielereien zwischen Kindern als anormal (schallendes Gelächter brach aus), und zwar nicht nur anormal, sondern tatsächlich unmoralisch (nein!), und deswegen wurde so etwas rigoros unterdrückt. Ungläubiges Staunen spiegelte sich auf den Gesichtern der Zuhörer. Die armen kleinen Kinder durften sich nicht amüsieren? Das war kaum zu fassen. ...

‚Doch was geschah dann?' fragten sie. ‚Welche Folgen hatte das?'

'Die Folgen waren schrecklich … Schrecklich.'" Später stellt Mustapha Mond, der Vorgesetzte des Direktors und einer der zehn Weltkontrolleure, fest: „Freud war einer der ersten, der die schrecklichen Gefahren des Familienlebens enthüllte.

Die Welt war voller Väter und daher voller Elend. Sie war voller Mütter und daher voller Perversionen jeglicher Art von Sadismus bis hin zu Keuschheit. Sie war voller Brüder, Schwestern, Onkel und Tanten und daher voller Wahnsinn und Selbstmord." Das Zuhause damals bestand aus „ein paar kleinen Zimmern, die stickig und überbelegt waren, nämlich von einem Mann, einer regelmäßig schwanger werdenden Frau und einem Haufen Jungen und Mädchen jeden Alters. Es gab keine Luft und keinen Raum, es war ein unhygienisches Gefängnis, dunkel, krank und stinkend."

In „Schöne neue Welt" ist das Wort „Mutter" schmutzig und genau so verpönt, wie wenn ich in dem Stadtteil, in dem ich arbeite, nach dem Vater eines Jungen fragen würde. In „Schöne neue Welt" ist das Wort „Vater weniger obszön als … vielmehr grob, eher skatologisch als pornographisch unangemessen." Was die zwischenmenschlichen Beziehungen angeht, befinden wir uns schon auf halbem Wege zu Huxleys Anti-Utopie.

Huxley selbst hatte ein überaus zwiespältiges Verhältnis zur Institution der Familie. Er fühlte nicht nur, dass die Familie sich auflösen würde, sondern meinte, dass sie es durchaus auch sollte. Seine Vorstellungskraft obsiegte jedoch über diese Folgerung, denn er konnte sich die Schrecken einer Welt ausmalen, in welcher „jeder jedem gehört", einer Welt, in der niemand eine enge Bindung zu jemand anderem eingeht.

Das Hauptziel in Huxleys Anti-Utopie ist die Idee, dass man ein schönes Leben als unmittelbare Befriedigung sinnlicher Bedürfnisse führen könne. Mustapha Mond versucht, seinen Schülern zu beweisen, was für ein Glück sie haben, in der „schönen neuen Welt" zu leben:

„„Schaut euch euer Leben an', sagte Mustapha Mond. ‚Ist jemals einer von euch auf ein unüberwindbares Hindernis gestoßen?' Die Frage wurde durch ein verneinendes Schweigen beantwortet. ‚Wurde jemals einer von euch vom Leben dazu gezwungen, lange Zeit zu warten, bevor ein bewusst gewordener Wunsch erfüllt wurde?' – ‚Nun', sag te einer der Jungen zögerlich. ‚Sprich lauter', sagte der Direktor der Brut- und Normzentrale ...

‚Ich musste einmal fast vier Wochen warten, bis ein Mädchen, das ich wollte, mich an sich ranließ.' – ‚Und hast du damals eine starke Emotion gehabt?' – ‚Es war schrecklich!' – ‚Genau, schrecklich', sagte der Direktor.“

Diese Passage erinnert mich an den Werbespruch einer Kreditkartenfirma, der in Großbritannien vor etwa dreißig Jahren kursierte: „takes the waiting out of wanting“, also ein Verlangen ohne Warten. Die Reklame ignorierte die Erkenntnis, dass man für eine sofortige Bedürfnisbefriedigung normalerweise eine Zeche mitsamt ruinöser Zinsen zahlt.

Huxley mutmaßte, dass ein Leben voller unmittelbarer Bedürfnisbefriedigungen die Menschen oberflächlich und egoistisch machen würde. Natürlich hatte er von Anfang an nicht gerade die beste Meinung über die Menschen: „Ungefähr 99,5 Prozent aller Leute auf diesem Planeten sind dumm, so wie auch die große Masse der Engländer“, schrieb er einst. „Doch wenn sie all ihre Gelüste ihr ganzes Leben lang sofort befriedigen würden, würden die Menschen aufhören, jenen göttlichen Funken in sich zu tragen, der sie vom Rest der Schöpfung unterscheidet. Sie würden sich bis zum Tode unterhalten wollen: Im Park-Lane-Krankenhaus für die Sterbenden in ‚Schöne neue Welt' befindet sich ‚am Fuße jedes Bettes ein Fernseher, in den die Todgeweihten schauen können.'“ Da muss ich an mein eigenes Krankenhaus denken, wo die Sterbenden in der Regel abtreten, während sie schmuddelige Seifenopern im Fernsehen schauen.

Wer ein Leben voller Instant-Befriedigung lebt, so dachte Huxley, würde auch keinerlei Einsamkeit ertragen. Mustapha Mond erklärt, dass „die Menschen jetzt niemals alleine sind.

Wir lassen sie die Einsamkeit hassen. Und wir arrangieren ihr Leben dergestalt, dass sie unmöglich einmal einsam sein werden." Ein Leben, in dem alle Wünsche sofort befriedigt werden, führt zu einer ständigen Infantilisierung: „Mit vierundsechzig ... hat man noch den gleichen Geschmack wie mit siebzehn." In unserer Gesellschaft findet die Vermischung der Generationen bereits statt: Der Wissensstand, die Vorlieben und sozialen Errungenschaften von Dreizehnjährigen sind oft die gleichen wie die von Achtundzwanzigjährigen. Die Heranwachsenden sind frühreif, und die Erwachsenen sind noch in der Adoleszenz.

Orwells „1984" spielt auf direktere Weise auf zeitgenössische Ereignisse an als Huxleys Buch: Die Handlung findet in einer relativ nahen Zukunft statt und nimmt offensichtlich den Stalinismus aufs Korn. Als ich vor dem Mauerfall in der kommunistischen Welt herumreiste, stellte ich fest, dass fast jeder, den ich traf, das Buch – natürlich heimlich – gelesen hatte, und seine große Bewunderung dafür ausdrückte, dass jemand, der nie einen Fuß in ein kommunistisches Land gesetzt hatte, die Umwelt eines solchen so gut beschreiben konnte – jenen allgegenwärtigen Kohlgeruch, die Düsterkeit der heruntergekommenen Gebäude, aber auch die mentale und moralische Atmosphäre.

Fast könnte man meinen, dass die kommunistischen Regime „1984" als Blaupause und nicht als Warnung genommen hätten. Kann man Nordkoreas „großen Führer" Kim Il Sung, so wie 1989 geschehen, ein riesiges Stadion in Pyöngyang betreten sehen, ohne sich an die „Hymne an die Weisheit und Erhabenheit von Big Brother" zu erinnern? Dies ist, wie Orwell schreibt, „ein Akt der Selbsthypnose, ein bewusstes Ertränken des Gewissens durch rhythmische Geräusche", währenddessen „das Verheimlichen von Gefühlen, die Kontrolle des Gesichts und all das zu tun, was die anderen machen, eine instinktive Reaktion" ist, instinktiv weil selbsterhaltend. Der Große Führer stand minutenlang regungslos da, während 150.000 Menschen ihre Arme in organisierter Spontaneität hochrissen und ihm, genau wie Orwell das beschrieben hatte, huldigten. Das war fast auf den Tag genau vierzig Jahre nach Erscheinen von „1984".

Unter Ceaucescu in Rumänien brachte das Fernsehen in einlullender Detailliertheit Daten von der jährlichen Ernte, während jedermann stundenlang Schlange stand, um ein paar klägliche Kartoffeln zu bekommen: Genau so wie der Bildschirm in Big Brothers Ozeanien die Bevölkerung mit Nachrichten zur Übererfüllung des Dreijahresplans quälte, während es an allem mangelte. Oft wusch ich mich mit genau der gleichen Seifenart wie Orwells „Held" Winston Smith. Und wenn Smith über die Lebensqualität in Ozeanien nachsinnt, dann höre ich die Stimmen von Albanern und Rumänen unter dem Kommunismus: „War dies kein Zeichen dafür, dass es unnatürlich ist, wenn einem das Herz weh tut bei all der Ungemütlichkeit, dem Schmutz und der Knappheit, den endlosen Wintern, dem Mief der eigenen Sokken, dem nie funktionierenden Aufzug, dem kalten Wasser, der groben Seife, den zerbröselnden Zigaretten und dem Essen mit dem seltsam üblen Geschmack?"

Menschen, die nur das Leben unter kommunistischen Regimen kennen, erzählten mir, dass sie zwar wüssten, dass ihr Leben irgendwie nicht „natürlich" sei, genau wie auch Winston Smith feststellt, dass das Leben in Airstrip One – dem neuen Namen für England in „1984" – unnatürlich war. Auch andere Lebensarten bringen vielleicht Probleme mit sich, so sagten meine albanischen und rumänischen Freunde, doch die Missachtung der menschlichen Natur bei einer solchen Lebensweise sei einzigartig. Orwells Vorstellungskraft darüber, was es heißt, unter dem Kommunismus zu leben, erschien ihnen wie auch mir genial zu sein.

Die totalitäre Welt, die Orwell in „1984" beschreibt, ist glücklicherweise heute eher eine historische Kuriosität als eine ernsthafte Bedrohung, mal abgesehen von der islamistischen Variante des Totalitarismus. Doch viele Orwellsche wie auch Huxleysche Ideen sind, obwohl die Bedrohung durch den Stalinismus vorbei ist, immer noch aktuell, denn Orwell warnte uns vor unerfreulichen Trends, die auf der Grundlage der Modernität wie auch des Stalinismus entstanden sind. Seine Furcht ergab sich nicht bloß aus seinem intuitiven Verständnis stalinistischer Staaten und seiner Kenntnis über kommunistisches Benehmen aus dem Spanischen Bürgerkrieg, sondern auch aus seiner Erfahrung mit der Bürokratie der BBC während des Zweiten Weltkriegs, als er aus erster Hand Zeuge der Fähigkeit moderner Massenmedien wurde, die Menschen in die Irre zu führen und zu manipulieren.

Betrachten wir das, was er über die Familie schrieb. In „1984" fürchten die Eltern ihre Kinder, die von den Spionen, der Jugendorganisation der Partei, indoktriniert worden sind. Die Spione fordern und belohnen die Denunzierung jeglicher politischer Abweichung, selbst in den Winkeln und Schlupflöchern des Privatlebens, welches als Folge davon unmöglich zu führen ist. Im England von heute fürchten die Eltern ihre unkontrollierbaren Kinder, die von ihren Altersgenossen indoktriniert werden und die von den gewalttätigen und selbstsüchtigen Normen einer degenerierten Populärkultur durchtränkt sind. In beiden Fällen sind die Eltern nicht mehr Gegenstand moralischer Autorität. Orwell zwingt uns dazu, uns mit einer solchen Aufhebung der natürlichen Ordnung zu befassen.

Doppeldenk, die Fähigkeit, zwei gegensätzliche Meinungen zu vertreten, ist längst bei uns vorhanden und wird so lange fortbestehen, bis wir große Bürokratien haben, die vorgeben, zu unserem Besten zu handeln, während sie ihre eigenen institutionellen Interessen verfolgen. Und ist politische Korrektheit etwas anderes als Neusprech, nämlich der Versuch, durch sprachliche Änderungen bestimmte Gedanken unausdrückbar zu machen?

Orwells Buch bietet auch eine prophetische Sicht auf die moderne politisierte Geschichte. Winston Smith kopiert eine Stelle aus einem Geschichtsbuch für Kinder: „In den alten Zeiten vor der glorreichen Revolution war London nicht die herrliche Stadt, als die wir es heute kennen. Es war ein düsterer, schmutziger, armseliger Ort, wo kaum jemand genug zu essen und Tausende von armen Menschen keine Schuhe an ihren Füßen und nicht einmal ein Dach überm Kopf hatten, unter dem sie schlafen konnten. Kinder in euerm Alter mussten zwölf Stunden am Tag für grausame Arbeitgeber schuften, die sie mit Peitschen schlugen, wenn sie zu langsam arbeiteten, und ihnen nur trockenes Brot und Wasser zu essen gaben. Aber inmitten dieser schrecklichen Armut gab es ein paar große, schöne Häuser, die von den Reichen bewohnt wurden und die bis zu dreißig Dienstboten Beschäftigung boten. Diese Reichen nannte man Kapitalisten. Sie waren dicke, hässliche Menschen mit bösen Gesichtern, wie der auf der nächsten Seite Abgebildete. Er trägt, wie ihr seht, einen langen schwarzen Rock, der Gehrock genannt wurde, und einen komischen, glänzenden Hut von der Form eines Ofenrohrs, der Zylinder hieß. Das war die Kleidung der Kapitalisten, und niemand sonst durfte sie tragen. Den Kapitalisten gehörte alles, was es auf der Welt gab, und alle anderen Menschen waren ihre Sklaven. Sie besaßen das ganze Land, alle Häuser, alle Fabriken und alles Geld. Wenn jemand ihnen nicht gehorchte, ließen sie ihn ins Gefängnis werfen oder nahmen ihm die Arbeit weg, damit er verhungerte. Wenn ein gewöhnlicher Mensch mit einem Kapitalisten sprach, musste er sich ducken und vor ihm katzbuckeln, seine Mütze abnehmen und ihn mit ‚Gnädiger Herr‘ anreden.“

Diese Art von Geschichtsschreibung in der eben zitierten satirischen Passage ist mittlerweile Standard in einigen Branchen geworden, in denen es um akademisch gepflegten Groll geht, etwa bei der Frauen-, Schwarzen- oder Schwulenbewegung, wobei Geschichte als rückwärtige Projektion gegenwärtiger, echter oder auch eingebildeter, Kümmernisse dient, um Ressentiments zu rechtfertigen oder zu schüren.

Das Ziel einer solchen Geschichtsschreibung ist es, das Verständnis der Menschen für eine lebendige Vergangenheit und eine lebendige Kultur zu kappen. Tatsächlich ist das zugrundeliegende Thema, das beiden großen Anti-Utopien des zwanzigsten Jahrhunderts gemein ist, die Notwendigkeit, ein Gefühl für Geschichte und Kulturtradition zu bewahren, um das Leben erträglich zu machen. Dieses Motiv wirkt dadurch umso stärker, dass sowohl Huxley als auch Orwell im Grunde genommen Radikale waren: Huxley war ein Sozialist in Oxford, der in den Dreißigern mit dem Faschismus flirtete und dann ein Westküsten-Guru wurde. Orwell war schon früh ein Sozialist und Zeit seines Lebens ein Feind der herrschenden Verhältnisse. Beide erkannten bei der Betrachtung der Zukunft implizit, dass im menschlichen Leben das Altbewährte ebenso wichtig ist wie der Wandel, dass die Vergangenheit ebenso wichtig ist wie die Gegenwart und die Zukunft.

In beiden Anti-Utopien sind die Menschen infolge einer vorsätzlichen Politik von der Vergangenheit abgeschnitten. Die Revolution, die zur „Schönen neuen Welt" führt, so Mustapha Mond, wurde „begleitet von einer Kampagne gegen die Vergangenheit", nämlich dem Schließen von Museen, dem Sprengen historischer Denkmäler (wie in Afghanistan unter den Taliban) und dem Verbannen alter Bücher. In „1984" ist „die Vergangenheit bereits abgeschafft worden". „Die Geschichte steht still. Nichts existiert außer einer endlosen Gegenwart, in welcher die Partei immer recht hat."

Solche anti-utopischen Machenschaften gibt es auch in meinem Land. Pädagogen entscheiden bei vollem Bewusstsein, dass nun Hunderttausende von Kindern die Schule verlassen, ohne auch nur eine einzige historische Tatsache über ihr Land zu wissen. Die historische Methodik, mit der Museen früher ihre Ausstellungsstücke arrangiert haben, weicht nun einer ahistorischen Anordnung, etwa einem Sammelsurium von Frauenporträts aus allen möglichen Zeitaltern. Ein sinnentleerter Glaskasten steht nun auf einem Ziergiebel in Londons Trafalgar Square als „Korrektiv" zu den historischen Bezügen dieses berühmten Stadtplatzes. Einer ganzen Bevölkerung soll der Sinn für die Geschichte aberzogen werden.

Sowohl für Huxley als auch für Orwell symbolisierte ein Mann den Widerstand gegen die unmenschliche Abnabelung der Menschen von ihrer Vergangenheit: Shakespeare. Bei beiden steht er für den Inbegriff menschlichen Selbstverstehens, ohne welches das Leben an Tiefe verliert und der Möglichkeit der Transzendenz verlustig geht. In „Schöne Neue Welt" ist es ein alter auf geheimnisvolle Weise erhaltener Shakespeare-Band, der einen Menschen vor der entkräftenden Wirkung eines rein hedonistischen Lebens rettet. Ein paar Zeilen reichen aus, um ihn erkennen zu lassen, wie oberflächlich die „Schöne neue Welt" doch ist:

„Und wohnt kein Mitleid droben in den Wolken, das in die Tiefe meines Jammers schaut? O süße Mutter, stoß' mich doch nicht weg!"

Und als Winston Smith in „1984" aus einem Traum von einer vorrevolutionären Zeit erwacht, als die Menschen noch human waren, fährt ihm ein einziges Wort über die Lippen, ohne dass er versteht, warum: Shakespeare.

Diese Szene führt mich nach Pjöngjang zurück. Es war auf einem riesigen und fast verlassenen Platz gegenüber dem Großen Volkshaus der Bildung. Alle Plätze in Pjöngjang sind nämlich leer, wenn nicht gerade Paraden mit Hunderttausenden von Menschenautomaten stattfinden. Jedenfalls wandte sich mir ein junger Koreaner verstohlen zu und fragte: „Sprechen Sie Englisch?"

Das war ein elektrisierender Moment. Denn in Nordkorea ist ein nicht überwachter Kontakt zwischen einem Koreaner und einem Fremden schier undenkbar, so undenkbar wie die Forderung „Nieder mit Big Brother!"

„Ja", antwortete ich.

„Ich bin Student am Institut für Fremdsprachen. Dickens und Shakespeare zu lesen ist mein größtes und einziges Vergnügen in meinem Leben."

Das war die erschütterndste Unterhaltung, die ich jemals in meinem ganzen Leben hatte. Wir gingen nach dem Gespräch sehr schnell auseinander und werden uns natürlich nie wieder treffen. Für ihn waren Dickens und Shakespeare, die ihn das Regime mit einer ganz anderen Zielsetzung lesen ließ, die Garantie dafür, dass nicht nur Freiheit, sondern auch ein wirklich menschliches Leben möglich war.

Orwell und Huxley konnten sich vorstellen, warum das so war. Ich dagegen musste erst nach Pjöngjang, um das herauszufinden.

V. Britischer Nationalcharakter

Ihr fiel keine einzige Tugend ein

Über den Wandel von der Selbstbeherrschung zur Zügellosigkeit

Als meine Mutter kurz vor Ausbruch des Zweiten Weltkriegs aus Nazideutschland nach England flüchtete, empfand sie die Menschen dort als liebenswürdig. Allerdings sah sie neben ihren Tugenden auch ein paar Unzulänglichkeiten. Kurz bevor sie aber ein Zweidritteljahrhundert später starb, empfand sie die Engländer als rüde, unaufrichtig und uncharmant. Außerdem schienen sie über keinerlei Tugenden mehr zu verfügen, mit denen sie ihre unerfreulichen Charakterzüge hätten wettmachen können. Ich fragte sie einmal nach solchen Tugenden, doch ihr fiel keine einzige ein. Und ehrlich gesagt ging es mir ganz ähnlich.

Es lag nicht bloß daran, dass sie in ihren letzten fünf Lebensjahren zweimal ausgeraubt wurde, während sie zuvor niemals Opfer eines Verbrechens geworden war. Derlei Erfahrungen führen in einem solch fortgeschrittenen Alter sicherlich dazu, dass man die Meinung über seine Mitbürger ändert. Es gibt schließlich nur wenige Dinge, die verachtenswerter sind oder von größerem moralischem Nihilismus zeugen, als übers Herz zu bringen, alte und gebrechliche Menschen zu berauben. Doch schon bevor sie ausgeraubt wurde, hatte sie in ihrer Wahlheimat eine Umwertung aller Werte wahrgenommen. Die menschlichen Qualitäten, welche die Leute bei ihrer Ankunft in diesem Land geschätzt und verinnerlicht hatten, wurden zur Zeit ihres Ablebens verhöhnt, verachtet und geleugnet. Früher hatten wir es tatsächlich mit einem anderen Land zu tun, in dem man die Dinge ganz anders anging.

Was genau waren denn nun jene von meiner Mutter so geschätzten Qualitäten? Es war vor allem das Benehmen der Leute. Die Briten schienen ihr unabhängig, selbstbeherrscht, gesetzestreu und doch auch so tolerant gegenüber noch so exzentrischen Mitbürgern zu sein. Und sie legten eine recht ironische Sicht auf das Leben an den Tag, was ihnen gestattete, über sich selbst zu lachen und sich nicht so wichtig zu nehmen. Wenn Horace Walpole recht damit hatte, dass die Welt für den Denkenden eine Komödie und für den Fühlenden eine Tragödie ist, dann waren die Engländer die gedankenvollsten Menschen auf der ganzen Welt. Sie waren höflich und rücksichtsvoll, nicht aufdringlich und angeberisch. Der Selbstbewusste passte auf, dass er die Schüchternen nicht kränkte. Und selbst dem Erfolgreichsten war bewusst, dass seine Errungenschaften nur ein Tropfen im Ozean aller Möglichkeiten waren und umso größer hätten ausfallen können, wenn er sich noch mehr bemüht oder noch mehr Talent gehabt hätte.

Solche Charaktereigenschaften haben natürlich auch ihre Nachteile. Sie könnten zu Selbstgefälligkeit und Spießbürgertum führen, denn wenn die Welt eine Komödie ist, dann gibt es nichts Ernsthaftes. Das ganze könnte schnell in jene Arroganz umschlagen, die davon ausgeht, dass der Rest der Welt uns nichts mehr vormachen kann. Der literarische Archetyp einer solchen Überheblichkeit war Herr Podsnap im Dickens-Roman „Unser gemeinsamer Freund". Podsnap war der Ansicht, dass alles Britische immer das beste sei, er hatte „sich sogar eine eigenartige ruckartige Bewegung des rechten Arms angeeignet, mit der er die schwersten Probleme der Welt löste, indem er sie einfach beiseitewischte." Und doch fand meine Mutter seinerzeit die britische Kultur insgesamt beseelt von einem tiefen und verführerischen, subtilen und doch keineswegs transparenten oder offenkundigen Charme.

Meine Mutter war mit dieser Meinung nicht alleine. André Maurois zum Beispiel, der große französische Anglophile, schrieb einen klassischen Text über den britischen Charakter unter dem Titel „Les silences du Colonel Bramble". Maurois war Übersetzer und Verbindungsoffizier zwischen der französischen und der britischen Armee während des Ersten Weltkriegs und lebte mehrere Monate lang eng mit britischen Offizieren und ihren Untergebenen zusammen. Das Buch war das Ergebnis seiner Beobachtungen. Maurois fand die britische Kombination aus gesellschaftlichem Selbstvertrauen und grundsätzlicher Bescheidenheit anziehend. Damals meinte man in Frankreich gemeinhin, dass die Briten weniger intelligent seien als die Franzosen. Und im Buch diskutiert Aurelle, das Alter Ego von Maurois, die Angelegenheit mit einem der britischen Offiziere. „Finden Sie nicht, sagte Major Parker, dass Intelligenz von Ihnen über Gebühr bewertet wird? Wir sind wie die jungen Perser, von denen Herodot spricht, und die bis zu ihrem zwanzigsten Lebensjahr nur drei Dinge gelernt haben: Reiten, Bogenschießen und die Wahrheit sagen".

Aurelle sieht das Paradoxon: „Sie verachten die Akademiker", antwortet er, „und Sie zitieren Herodot. Und dazu kommt noch, dass ich Sie neulich in flagranti bei der Lektüre von Xenophon erwischt habe. Nur wenige Franzosen, kann ich Ihnen versichern..." Parker bestreitet schnell jeglichen intellektuellen Hintergrund bei seiner Zitate-Auswahl oder Lektüre. „Das ist etwas anderes", sagt er. „Die Griechen und Römer interessieren uns nicht als Forschungsgegenstand, sondern als unsere Vorfahren und als Sportsfreunde. Ich mag Xenophon – er ist das beste Beispiel für einen britischen Gentleman."

Vierzig Jahre später, im Jahre 1959, stellte ein anderer französischer Autor, Tony Mayer, in seinem kurzen Buch „La vie anglaise" (Das englische Leben) fest, dass die Engländer zögerlich darin sind, auf ihre Errungenschaften hinzuweisen und sich zu brüsten: „Konversation spielt immer noch eine bedeutende Rolle in England. Die Engländer reden viel, sagen jedoch normalerweise nichts. Da es zum schlechten Ton gehört, persönliche oder berufliche Themen anzuschneiden, die in eine Diskussion münden könnten, ziehen sie es vor, sich über Allgemeinheiten auszulassen." Der franko-rumänische Bühnenautor Eugène Ionesco hatte dies vortrefflich in seinem Stück „Die kahle Sängerin" parodiert, in welchem ein angesehenes englisches Ehepaar ein langes Zwiegespräch auf einer Dinner-Party führt. Am Ende, nach mehreren Seiten größten Banalitätenaustauschs, stellen sie fest, dass sie eigentlich verheiratet sind, und das schon seit geraumer Zeit.

In Großbritannien kann der Anschein trügen. Schließlich verachteten die Briten zwar die Intellektuellen, standen aber lange Zeit an der Spitze der intellektuellen Forschung. Sie waren zwar Spießbürger, schufen aber einen Landlebensstil, der so anmutig noch nie zuvor existiert hatte. Sie hatten zwar eine Staatsreligion, doch hielten sie religiösen Eifer für schlechten Stil. Mayer kommentiert: „Selbst an den ordinärsten Orten und unter gewöhnlichsten Umständen passiert etwas. Sie treffen zufällig auf ein Objekt, das Sie schon lange studiert haben. Sie gehen so weit, Ihr Interesse daran zu bekunden. Und plötzlich merken Sie, dass Ihr so reservierter und höflicher Gesprächspartner nicht nur über dieses Thema, sondern auch über unzählige andere Dinge hundertmal besser Bescheid weiß."

Diese attraktive Bescheidenheit hat auch etwas von einer milden Heimtücke – schließlich sprechen wir ja auch vom „perfiden Albion": Ironie, Understatement und Doppeldeutigkeit gab es überall und warteten nur darauf, dass der arglose Fremde in ihre Falle tappte. Die Briten lebten so, als hätten sie sich die Zeilen der größten amerikanischen Dichterin Emily Dickinson zu Herzen genommen, die ja nicht zufällig ihr ganzes Leben in Neuengland verbrachte: „Sag die ganze Wahrheit, aber sag sie verblümt. Der Erfolg liegt im Umweg."

Der Habitus des Umwegs im Gespräch, kombiniert mit Rechtschaffenheit in der Handlung, gab dem englischen Leben seine Würze und seinen besonderen Sinn. Mayor erstellte einen kurzen Übersetzungsschlüssel für Uneingeweihte: Ich liege vielleicht falsch = ich bin mir absolut sicher. Ich weiß darüber nicht viel = In dieser Sache bin ich ein Profi. Das macht überhaupt nichts = Wie lästig! Wir müssen in Kontakt bleiben = Auf

Nimmerwiedersehen. Müssen Sie schon gehen? = Na endlich! Gar nicht so schlecht = Absolut wunderbar.

Auch die Ordentlichkeit und Zurückhaltung des politischen Lebens in Großbritannien verblüffte meine Mutter. Die britischen Führer waren zwar keine Giganten, doch sie waren – und das war für Flüchtlinge aus Nazi-Deutschland wichtiger – auch keine Brutalos. Es waren zivilisierte Menschen. An so etwas wie Willkür kamen sie allenfalls mit einer Haltung à la „Adel verpflichtet" heran. Da sind andere Menschen schon zu weitaus schlimmeren Neigungen fähig. Politik war für die britischen Politiker und Wähler nur ein Teil des Lebens und bei weitem nicht der wichtigste. Dr. O'Grady in Maurois' Buch erklärt Aurelle, was es mit dem, wie er es nennt, „Sicherheitsventil des Parlaments" auf sich hat: „Von jetzt an tragen gewählte Sachwalter unsere Unruhen und Staatsstreiche im Parlament aus, so dass es sich der Rest der Nation erlauben kann, Cricket zu spielen." Major Parker greift dieses Thema auf und sagt zu Aurell: „Was habt ihr Franzosen davon, dass ihr die Regierung während eines Jahrhunderts achtmal geändert habt? Aufruhr ist bei euch eine nationale Institution geworden. In England wäre es unmöglich, eine Revolution zu machen. Wenn die Leute sich bei Westminster versammeln und Parolen skandieren würden, würde ein Polizist sie dazu auffordern zu gehen, und sie würden gehorchen."

Vielen fiel die Höflichkeit auf, mit der die Briten in der Öffentlichkeit auftraten. Häusliche Gewalt und Straßenraub waren verschwindend gering. Doch es war nicht nur die Abwesenheit von Verbrechen, wodurch sich diese Höflichkeit bemerkbar machte. Die britischen Freizeitbeschäftigungen waren friedlich und besinnlich: Gartenarbeiten und Taubenzucht zum Beispiel. Größere Mengen von Sporttreibenden versammelten sich in einer solch vorzüglichen Ordnung, dass solche Sportveranstaltungen Kirchentagungen glichen, was sowohl George Orwell als auch der Anthropologe Geoffrey Gorer 1955 festhielten.

Die Wochenschauen jener Zeiten unterstreichen das. Die Gesichter der Leute bei Sportveranstaltungen verzerrten sich nicht vor Hass, es wurde nicht geschrieen und die Zähne gefletscht, sondern es ging friedlich und gutgelaunt zu, auch wenn die Menschen etwas ausgemergelt und verarmt aussahen. Die Massen regulierten sich fast selbst. Noch in den frühen Sechzigern nahmen die Briten ungläubig Berichte zur Kenntnis, wonach auf dem Kontinent oft Stacheldraht, Gummiknüppel und Tränengas zum Einsatz kommen mussten, um die Menge in Schach zu halten. Fehlverhalten bei Massenaufläufen war in Großbritannien so ungewöhnlich, dass man es dann als Sensation empfand.

Die Engländer müssen weltweit die einzigen gewesen sein, die sich entschuldigten, wenn ihnen mal aus Versehen jemand auf die Füße getreten war. Das britische Verhalten bei Krankheit oder Verletzung war stoisch. Aurelle erinnert sich in „Les silences du Colonel Bramble", wie er einen ihm bekannten Offizier auf einer Bahre sah, der offensichtlich aufgrund einer schrecklichen Unterleibsverletzung dem Tode nahe war. Der Offizier sagte zu ihm: „Richten Sie bitte dem Oberst von mir ein Lebewohl aus und bitten Sie ihn, dass er meinen Angehörigen schreibt, dass ich nicht zu sehr gelitten habe. Hoffentlich macht Ihnen das nicht zu viele Umstände. Recht herzlichen Dank auch." Auch Tony Mayer sagt von den Engländern, dass sie sich normalerweise entschuldigen, wenn sie krank sind: „Entschuldigen Sie bitte die Störung, Doktor."

Keine Kultur ändert sich jählings, und die Älteren behielten oft die Angewohnheiten ihrer Jugend. Ich erinnere mich noch daran, wie mich mal ein alter Mann zu sich nach Hause rief, als ich eine kurze Zeit lang in einer Praxis in einem ländlichen Städtchen arbeitete. Er war aufgrund eines chronischen Blutverlusts sehr schwach und nicht fähig, sich aus seinem Bett zu erheben. Ich fragte ihn, warum er mich nicht früher gerufen habe. „Ich wollte sie nicht stören, Doktor", sagte er. „Ich weiß, dass Sie sehr beschäftigt sind."

Rational gesehen war dies absurd. Denn was hätte ich wichtigeres tun können als diesen alten Mann aufzusuchen? Doch fand ich seine Selbstaufopferung sehr rührend. Das war nicht das Ergebnis eines Mangels an Selbstrespekt, also jener psychologische Begriff, mit dem man ungezügelte Selbstsucht zu rechtfertigen pflegte. Es war auch nicht so, dass er von einem tyrannischen Staat geknechtet wurde, dem seine Bürger nicht viel wert sind. Es handelte sich stattdessen um eine existenzielle, fast religiöse Bescheidenheit, um das Bewusstsein, dass er alles andere als hochwichtig war.

Ich wurde auch Zeuge weiterer Exempel für diese Art von Bescheidenheit. Ich hielt manchmal ein Schwätzchen mit dem Mann einer älteren Patientin, der sie zum Krankenhaus begleitete. Eines Tages war er so gelbsüchtig, dass er schon fast wie eine Orange glänzte. Bei seinem Alter war es daher mehr als wahrscheinlich, dass er an einem unheilbaren Krebs litt und sterbenskrank war. Er wusste es, ich wusste es, und er wusste, dass ich es wusste. Ich fragte nach seinem Befinden. „Nicht so gut", sagte er. „Tut mir leid, das zu hören", antwortete ich. „Nun", sagte er ruhig und mit einem leichten Lächeln. „Wir müssen halt das beste draus machen, nicht wahr?" Zwei Wochen später war er tot.

Ich denke oft an die seelische Vornehmheit, mit der dieser ganz einfache Mann sich benahm und sprach. Er wollte von mir ein angemessenes, aber auch wirklich nur angemessenes Maß an Mitleid. Seiner Ansicht nach und auch der Ansicht seiner Generation und seiner Kultur nach war es ein moralisches Erfordernis, dass Emotionen und Gefühle wohlproportioniert und nicht auf übertriebene oder egozentrische Weise ausgedrückt werden. Ich kannte ihn nur flüchtig, und darum hatte mein Mitleid zwar echt, aber auch milde zu sein. (Seltsamerweise wuchs mein Mitleid mit ihm mit den Jahren, immer wenn ich mich an ihn erinnerte). Darüber hinaus war es für ihn wichtig, mich nicht mit einer mir unbehaglichen Zurschaustellung von Emotionen zu behelligen. Man muss Rücksicht auf die anderen nehmen, auch wenn man gerade stirbt.

Meine Frau, auch eine Ärztin, arbeitete nur mit alten Leuten zusammen und fand wie ich, dass es sich, auch wenn sie litten, um rücksichtsvolle sowie humorvolle Leute handelte, die sich selbst nicht so wichtig nahmen. Ihre Patienten waren hauptsächlich Arbeiter, was die häufig vorgebrachte Vorstellung widerlegt, dass das von mir beschriebene kulturelle Ideal lediglich die oberen Schichten der Gesellschaft beträfe.

Allmählich haben sich die Kultur und der Charakter der britischen Zurückhaltung vollends in ihr Gegenteil verkehrt. Eine Extravaganz bei der Gestik, eine Heftigkeit des Ausdrucks, blasierte Angeberei, Selbstdarstellung und Hemmungslosigkeit sind die Eigenschaften, die man nun bewundert, während man die alte Bescheidenheit verachtet. Es scheint, als ob die Leute von Blakes berühmtem Ausspruch überzeugt seien, dass es besser sei, ein Baby in der Wiege zu erdrosseln, als irgendeinem Begehren nicht nachzugeben. Sicherlich hängen viele Briten unter dreißig oder auch unter vierzig jener Art subpsychotherapeutischer Theorie an, dass unerfüllte Begierden in einem gären und sich schließlich doch auf gefährliche Art und Weise Bahn brechen. Sich um der gesellschaftlichen Ordnung willen zu beherrschen, also nicht einmal Würde oder Anstand zu wahren (das Wort „Anstand" bedeutet den heutigen Briten entweder gar nichts oder ruft Gelächter hervor), gereicht demnach sowohl dem Individuum als auch der Gesellschaft zum Schaden.

Ich habe mit jungen Briten gesprochen, die sich regelmäßig bis zur Bewusstlosigkeit betrinken und in der Phase davor ein öffentliches Ärgernis darstellen. Männer und Frauen glauben, dass sie dadurch Hemmungen loswerden, die ihnen ansonsten psychischen oder sogar physischen Schaden zufügen würden. Das gleiche scheint auch für diejenigen zu gelten, die stundenlang Fußballspiele verfolgen und dabei fluchen und Drohgebärden machen, welche viele in die Tat umsetzen würden, wenn solche Veranstaltungen nicht auf militärische Weise von der Polizei begleitet würden.

Eine fehlende Selbstkontrolle ist ebenso charakterformend wie Selbstkontrolle, doch sie bildet einen anderen und zwar viel schlimmeren und seichteren Charakter heraus. Wenn die Selbstkontrolle weiterhin weder zu einer zweiten Natur noch zu einem erstrebenswerten Ziel, sondern vielmehr zu einem unbedingt zu vermeidenden Laster wird, dann sinken die Menschen immer tiefer und es gibt kein Halten mehr. Die Kleinstadt, in der ich nun während meines Englandaufenthalts wohne, erfährt nachts eine Verwandlung. Tagsüber ist die Stadt reizvoll. Ich wohne in der Nähe eines Kirchengeländes in einem Queen-Anne-Haus, das an ein charmantes elisabethanisches Cottage-Häuschen grenzt, welches ausschaut, als ob es einem Roman von Anthony Trollope entsprungen sei. Nachts jedoch sinkt das Durchschnittsalter der Leute auf den Straßen von sechzig auf zwanzig, und nur wenige ältere Leute wagen sich hinaus. Charme und Anmut verschwinden. Vor kurzem wachte die Nachbarschaft auf, als ein junger Mann schrie, weil er von einem anderen jungen Mann fast zu Tode getreten wurde, nachdem beide um zwei Uhr aus einem Pub getorkelt waren. Der Fahrer eines örtlichen Fuhrunternehmens, der nur vorreservierte Fahrten durchführt, erzählte mir, was ihm widerfährt, wenn er mal nachts in der Stadt unterwegs ist: Statistisch gesehen sei es für junge Frauen normal, dass sie, wenn sie aus den Kneipen kommen, ihn zu überreden trachten, sie nach Hause zu kutschieren, indem sie ihre Brüste entblößen und diese sogar gegen seine Fensterscheiben pressen.

Ich lachte, als ich das hörte, aber eigentlich ist das nicht lustig. Der Fahrer sprach nicht über eine isolierte Sittenwidrigkeit, sondern von einer ganzen Kultur des Benehmens. Nicht umsonst werden junge Briten europaweit gehasst, gefürchtet und verachtet, wo auch immer sie sich versammeln, um etwas Spaß zu haben. Sie verwandeln ganze griechische, spanische und türkische Badeorte in B-Moviemäßige Sodoms und Gomorras. Sie bedecken die Bürgersteige mit Erbrochenem, vergewaltigen einander und ergehen sich in zufälliger und trunkener Gewalt. An einem griechischen Badeort wurden neulich zwölf junge Britinnen verhaftet, weil sie sich einen „Oralsex-Wettbewerb im Freien" gegönnt hatten.

Niemanden, der auch nur ein wenig Ahnung von Psychologie hat, wird es überraschen, dass aufgrund dieses Charakterwandels die Zahl strafrechtlich relevanter Verbrechen seit 1950 um 900 Prozent gestiegen ist. In der gleichen Zeit hat sich die Mordrate verdoppelt und würde sich sogar verzehnfacht haben, wenn es nicht Fortschritte in der Unfallchirurgie und bei Wiederbelebungstechniken gegeben hätte. Und das, obwohl der Anteil der Bevölkerung bei der strafanfälligsten Altersgruppe beträchtlich gesunken ist. Zwei Dinge sollte man bei diesem Wandel des Nationalcharakters beachten: Es ist dies nicht der erste Wandel dieser Art in der britischen Geschichte, und er erfolgt nicht völlig spontan oder als Ergebnis unpersönlicher gesellschaftlicher Wirkkräfte.

Bevor die Engländer und die Briten für ihre Selbstbeherrschung und ihre ironische Lebenseinstellung bekannt wurden, hatten sie den Ruf, hochemotional zu sein und ihre Leidenschaften nicht kontrollieren zu können. Unter anderem verabscheute der deutsche Dichter Heinrich Heine sie als gewalttätig und vulgär. Erst unter der Herrschaft von William IV., dem „Silly Billy" und König vor Victoria, verwandelten sie sich in etwas, was jenem zurückhaltenden Menschenschlag ähnelte, dem ich als Kind und manchmal als Arzt begegnete. Der Hauptunterschied zwischen dem vulgären und von Heine verachteten und dem heute von ganz Europa und darüber hinaus verschmähten und gefürchteten Volk ist der, dass die früheren Briten oft Talent und Genialität besaßen und irgendwie an vorderster Front menschlichen Fortschritts standen, was wir von den heutigen Briten nicht gerade behaupten können.

Doch auch der zweite Punkt ist wichtig. Die Moralisierung der Briten im ersten Drittel des Neunzehnten Jahrhunderts, also ihre Verwandlung von einem unbeherrschten in ein zurückhaltendes Volk war das Ergebnis intellektueller und legislativer Aktivitäten – genauso wie auch die anschließende Gegenbewegung.

Betrachten wir unter diesem Aspekt die Trunkenheit in der Öffentlichkeit. Hundert und mehr Jahre lang war die vorherrschende Ansicht in Großbritannien, dass ein solches Betrunkensein tadelnswert und mit Recht zu unterbinden sei. Mein Herz hüpft vor Freude, wenn ich in Frankreich einen öffentlichen Aushang sehe, der die rechtlichen Maßnahmen für die „Unterdrückung öffentlicher Trunkenheit" herausstellt. Dann gab es in Großbritannien einige Änderungen. Die Behörden halbierten die

Alkoholsteuer, Intellektuelle brandmarkten die Idee der Selbstbeherrschung und ließen sie kulturell unakzeptabel werden. Die Universitäten begannen sich unverblümt als Orte zu preisen, an denen Studenten sich oft und regelmäßig besaufen konnten, und schließlich bemerkte der Staat, dass die Trunkenheit dramatisch anstieg und behauptete, dass eine Erhöhung der Stunden, an denen man Alkohol bekommen konnte, eine verantwortungsvollere „mediterrane" Trinkkultur hervorbringen würde, wobei die Leute nur langsam picheln statt schnell zu schlucken. Es fällt schwer, bei Politikern nicht auch finanzielle Anreize zu vermuten, denn selbst sie konnten eigentlich kaum so dumm sein.

Gewohnheiten werden zum Charakter. Sollten sie vielleicht nicht, tun sie aber. Darum verspüre ich eine starke Reaktion, wenn ich höre, dass einige US-Bundesstaaten das Trinkalter von 21 auf 18 herabsetzen wollen mit der Begründung, dass es absurd sei, dass ein 18-jähriger in die Armee gehen und für sein Vaterland sterben könne, aber nicht in einer öffentlichen Kneipe Bier trinken dürfe.

Es ist für einen Staat ein wichtigeres Ziel, die Zivilisation aufrechtzuerhalten, als ein allgemeines Prinzip zu finden, welches alle offensichtlichen Ungereimtheiten des gegenwärtigen Systems ausbügelt. Vor nicht langer Zeit besuchte ich die Abschlussfeier des Sohnes eines meiner Freunde an einer ländlichen Universität im Bundesstaat New York. In der Nacht davor und in der Nacht danach beobachtete ich die Studenten durch die Fenster ihrer Verbindungshäuser dabei, wie sie sich betranken. Sie gebärdeten sich zwar auf alberne Weise, doch stellten sie kein öffentliches Ärgernis dar, da sie es nicht wagten, aus ihren Häusern zu kommen. Wenn sie es getan hätten, hätte die örtliche Polizei sie verhaftet, und wenn nicht, dann hätten die Universitätsbehörden sie aufgegriffen und exmatrikuliert. Das ist zufälligerweise ein starker Beweis dafür, dass Betrunkene sehr wohl wissen, was sie tun, und dass das Gesetz recht hat, wenn es Trunkenheit nicht als Unzurechnungsfähigkeit akzeptiert.

Zweifellos war die studentische Trunkenheit in den Verbindungshäusern von einem abstrakten Blickwinkel heraus nicht zufriedenstellend. Doch aus der Sicht eines Menschen, der die Zivilisation aufrechterhalten möchte, ganz zu schweigen von der Lebensqualität in den Städten, war das sehr befriedigend. In England würde diese Stadt ein nächtlicher Alptraum sein, in dem keine anständige Person unterwegs sein möchte.

Daher sage ich den Amerikanern: Wenn Sie wollen, dass Ihre jungen Leute einen Charakter entwickeln, dann haben Sie den Mut zu Ungereimtheiten! Missbilligen Sie Sünden, vor allem an öffentlichen Orten, doch drücken Sie ein Auge zu, wenn es wie so oft nötig ist!

VI. Ideologien

Totgedacht

Über die Trostpflaster für gescheiterte Intellektuelle

Im Jahr 1960 veröffentlichte der Soziologe Daniel Bell das Buch „Das Ende der Ideologie". Darin vertrat er die Ansicht, dass Ideologie, verstanden als zusammenhängendes und zielgerichtetes philosophisches Anschauungsgeflecht oder Abstraktionssystem, das nicht nur die Gesellschaft beschreibt, sondern genauso sehr auch darauf abzielt, als Werkzeug zur gesellschaftlichen Veränderung zu fungieren, an sich gestorben sei, zumindest im Westen und besonders in den USA. Eine Kombination aus Demokratie und Massenwohlstand habe jene politische Frage „gelöst", welche die Menschheit seit Platons Zeiten umtreibe. Es würde keine großen und umwälzenden und schmerzlich-fehlerhaften Ideen mehr geben. Alles was übrigbleibe sei öffentliche Verwaltung mit allenfalls kleinlichen Meinungsverschiedenheiten zu unbedeutenden politischen Details. Die neue Version des alten Mottos „mens sana in corpore sano" stellte eine kapitalistische Wirtschaft in einem liberalen demokratischen Politsystem dar. Das sollte die Lektion aus der Geschichte sein.

Als 1989 die Sowjetunion und Osteuropa sich so schnell reformierten und eigentlich schon kollabierten, dass deutlich wurde, dass der Kommunismus nicht mehr lange in Europa würde überleben können, ging Francis Fukuyama noch einen Schritt weiter als Bell und schrieb für „The National Interest" einen Essay unter dem Titel „Das Ende der Geschichte?". In diesem bald berühmten Aufsatz, den er später zu einem Buch ausbaute, vertrat er die Ansicht, dass das von Bell im Westen ausgemachte Ende der Ideologie nicht weltweit stattfinden würde. Mit „Ende der Geschichte" meinte er natürlich nicht das Ende von Ereignissen. So würde immer noch die eine oder andere Mannschaft den Super Bowl gewinnen und es würde immer noch Kriege zwischen rivalisierenden Nationen geben. Im großen und ganzen aber habe die Geschichte uns eine ausreichende Lektion erteilt, und die Menschheit habe diese verinnerlicht. Diejenigen, die daher den Marsch der liberalen Demokratie aufhalten, seien wie die Ludditen, also jene englischen Arbeiter, die zu Beginn der Industriellen Revolution die Maschinen zerstörten, da sie diese für die Vernichtung unabhängiger Heimerwerbsgrundlagen verantwortlich machten.

Gegen Ende dieses Essays jedoch stellt Fukuyama, der im Gegensatz zu Marx die Welt mehr zu verstehen denn zu verändern trachtet, implizit die Frage nach der Rolle der Ideologie in der moralischen Ökonomie der Welt. Was müssen Intellektuelle tun oder denken, wenn sie sich nicht mit ideologischen Fragen herumschlagen müssen? Sie beschäftigen sich buchstäblich mit großen und allgemeinen, nicht mit kleinen und spezifischen Fragen. Isaiah Berlin würde sagen, dass sie vom Temperament her wie die Igel sind, die eine große Sache kennen, nicht wie Füchse, die viele kleine Dinge wissen. Fukuyama gab zu, dass er die Ideologie vermissen würde, wenn auch nur um sie angreifen zu können. „Ich habe zwiespältige Gefühle gegenüber der Zivilisation, die in Europa nach 1945 geschaffen wurde, mit ihren nordatlantischen und asiatischen Ablegern", schrieb er. „Vielleicht dient ja gerade diese Aussicht auf Jahrhunderte der Langeweile dazu, die Geschichte wieder zum Laufen zu bringen."

Bekanntlich ergab es sich, dass wir nicht lange, erst recht nicht Jahrhunderte lang, an dieser existentiellen Langeweile leiden mussten. Unser dogmatischer Schlummer – um Kants Ausdruck über jenen philosophischen Zustand zu verwenden, aus dem David Hume ihn erweckte – hatte kaum begonnen, als auch schon eine Gruppe junger Fanatiker kommerzielle Flugzeuge in die Zwillingstürme und in das Pentagon steuerten und klarmachten, dass die Verkündung des nahen Todes von Ideologie und Geschichte etwas vorschnell war.

Eigentlich hätten wir es wissen oder zumindest erahnen können, auch ohne so jählings daran erinnert zu werden. Fukuyamas Schlussbemerkungen enthalten einen Hinweis auf die psychologische Funktion von Ideologie. Es ist nicht bloß eine Verstimmung über den Zustand der Welt, der die Entwicklung und die Annahme einer Ideologie in Gang setzt. Schließlich gab es stets irgendeine Art von Unzufriedenheit mit der Gesellschaft, und daran wird sich auch in Zukunft nichts ändern. Unzufriedenheit ist die ständige Verfassung der Menschheit, zumindest der zivilisierten Menschheit. Nicht jeder Unzufriedene ist ein Ideologe. Wenn dem aber so wäre, dann gäbe es wohl kaum jemanden, der kein Ideologe wäre. Und dennoch ist Ideologie, zumindest als Massenphänomen, eine relativ junge Erscheinung in der Geschichte der Menschheit.

Wer sind nun diese Ideologen? Es sind Menschen mit einem Bedürfnis nach einem Sinn im Leben, nicht im weltlichen Sinne (etwa ausreichend zu essen zu haben oder die Rate für das Haus abbezahlen zu können), sondern sie suchen nach etwas, was das Persönliche transzendiert, eine Rückversicherung, dass es noch etwas anderes gibt als die bloße Existenz. Das Bedürfnis nach Transzendenz überfällt nicht so sehr jene Leute, die für ihren Lebensunterhalt kämpfen müssen. Materielle Notlagen zu vermeiden gibt diesen Leuten genügend Lebensinhalt. Ideologen dagegen machen sich kaum Sorgen um ihr täglich Brot. Ihre Schwierigkeiten mit dem Leben sind weniger konkret. Ihre materielle Sicherheit gibt ihnen die Muße, ihre Bildung das Bedürfnis, und ihr Temperament den Hang dazu, etwas jenseits des täglichen Lebensflusses finden zu müssen.

Wenn das stimmt, dann sollte Ideologie dort gedeihen, wo es viel Bildung gibt, vor allem dort, wo die Gebildeten nicht so viele Möglichkeiten haben, sich großen Projekten zu widmen oder jene Führungsrollen zu übernehmen, auf die sie aufgrund ihrer Ausbildung einen Anspruch zu meinen haben. Die Anziehungskraft einer Ideologie liegt nicht so sehr im Zustand der Welt – der natürlich immer beklagenswert ist, sich aber oft auch verbessert – sondern vielmehr im Zustand des Geistes. Und in vielen Teilen der Welt hat die Zahl der Gebildeten viel schneller zugenommen als die Kapazitäten der Volkswirtschaft, sie mit Positionen zu versorgen, die sie sich verdient zu haben glauben. Selbst in den fortgeschrittensten Volkswirtschaften wird man immer unglückliche Gebildete finden, die Gründe dafür suchen, dass sie nicht so wichtig sind wie sie eigentlich sein sollten.

Einer der ersten, der die Politisierung der Intellektuellen bemerkte, war der französische Schriftsteller Julien Benda, dessen 1927 erschienenes Buch „La trahison des clercs" („der Verrat der Intellektuellen", wobei mit „clerc" ursprünglich eine gebildete Person gemeint ist, die sich von der ungebildeten Laienschaft abhebt) dem gebildeten Diskurs eine Redewendung schenkte. Heute verwendet man diese Phrase oft um zu beschreiben, dass sich Intellektuelle mit dem Kommunismus einlassen, trotz der offensichtlichen Tatsache, dass kommunistische Regime überall und immerdar zu einem Niedergang intellektueller Freiheit und des Respekts vor den Menschenrechten geführt haben, welche doch von den Intellektuellen so sehr propagiert werden.

Obgleich auch die Unterstützung für den Kommunismus darunter fällt, meinte Benda jedoch etwas viel Umfassenderes: die zunehmende Tendenz bei Intellektuellen, Gedankenlinien nicht um der Wahrheit willen zu verfolgen oder um die Menschheit in die Ewigkeit zu führen, sondern vielmehr um Macht zu gewinnen, indem man vorhandene politische Leidenschaften in Bezug auf Bereiche des menschlichen Lebens in nationaler, ethnischer, religiöser oder wirtschaftlicher Hinsicht adoptiert, rechtfertigt und manipuliert. Die von Benda bei der Niederschrift seines Buches am meisten gefürchteten politischen Leidenschaften waren Nationalismus, Fremdenfeindlichkeit und Antisemitismus, welche damals eine Fülle von intellektuellen Apologeten hatten und die sich in der Tat alsbald in ihrer Wirkung als katastrophal erwiesen. Doch im Grunde genommen verteidigte er die Unabhängigkeit des intellektuellen und künstlerischen Lebens vor politischen Imperativen.

Dass ideologische Denkweisen den Zusammenbruch des Kommunismus in Osteuropa und in der Sowjetunion überlebt haben, hätte Benda nicht überrascht. Dieser Zusammenbruch hat die Attraktivität des Marxismus stark vermindert, und obwohl Intellektuelle jahrzehntelang versuchten, die angeblichen Vorteile dieser Doktrin von den Schrecken des Sowjetsystems zu lösen, war es nur natürlich, dass viele Menschen glaubten, dass der Tod des Marxismus auch den Tod von Ideologie an sich bedeutete. Doch stattdessen, und das hätte Benda vielleicht auch vorhergesagt, erfolgte eine Balkanisierung der Ideologie, also das Auftauchen einer größeren Auswahl an Ideologien als Angebot für ideologieempfängliche Menschen.

Das offensichtlichste Beispiel für eine Ideologie, die nach dem Fall des Kommunismus in Erscheinung, oder besser gesagt in unser Bewusstsein trat, war der Islamismus. Weil diese Ideologie so sehr die Rückkehr zur islamischen Reinheit betonte und sich ganz offensichtlich und lautstark gegen die Moderne wandte, bemerkten viele Leute nicht, wie modern das Phänomen des Islamismus eigentlich war, nicht nur zeitlich, sondern auch in geistiger Hinsicht. Das lässt sich anhand der Lektüre eines der Grundtexte des Islamismus erkennen, nämlich der zuerst 1964 veröffentlichten „Meilensteine" von Sayyid Qutb. Der Einfluss des Marxismus-Leninismus, vor allem des Leninismus, ist unverkennbar. Qutb beginnt mit Kulturkritik, die manchen auf unheimliche Art hellsichtig anmuten mag. „Die Führerschaft des Westens über die Menschheit neigt sich dem Ende zu, nicht weil die westliche Kultur materiell gesehen verarmt, oder weil ihre wirtschaftliche und militärische Macht schwach wird", schreibt er. „Das Zeitalter der westlichen Welt geht hauptsächlich deswegen zu Ende, weil es ihr nun an genau jenen sinnstiftenden Werten mangelt, welche den Westen einst dazu brachten, die Welt zu beherrschen." Da, so Qutb, jene „sinnstiftenden Werte" nicht vom Ostblock kommen können, und da klingt er wie der frühere argentinische Diktator Perón oder auch der britische Ex-Premier Blair, müsse es einen dritten Weg geben. Und dieser dritte Weg könne laut Qutb nur der Islam sein.

So wie bei Marx nur das Proletariat sämtliche Interessen der Menschheit auf sich vereinigt, tun das bei Qutb nur die rechtgläubigen Muslime. Alle anderen sind verirrte Parteigänger. Nach Qutbs Auffassung wird, wenn die wahre Form des Islams einst verwirklicht worden ist, so wie auch bei Marx nach der Etablierung des Kommunismus, der Staat verschwinden. Bei Marx löst sich der Staat auf, weil es keine sektiererischen Interessengruppen mehr geben wird, die einen Staat für die Durchsetzung ihrer Interessen benötigen. Bei Qutb wird es nach der Errichtung des wahren Islams keine Interessengruppen mehr geben, da alle Menschen Gottes Befehlen folgen, ohne diese interpretieren zu müssen und es daher auch keinen Bedarf an Interpretierern mehr gibt. Und wenn alle Gottes Gesetz befolgen, kann es keinen Konflikt mehr geben, weil das Recht dann perfekt sein wird, und es demnach keinen Bedarf an einem Staatsapparat mehr gibt.

Man findet eine Einheit von Theorie und Praxis sowohl bei Qutbs Islamismus als auch im Marxismus-Leninismus. „Philosophie und Revolution sind voneinander untrennbar", sagte Raja Dunajewskaja, einst Trotzkis Sekretärin und eine prominente amerikanische Marxistin. Und bei Qutb heißt es: „Diese zwei Dinge, das Predigen und die Bewegung zusammen, konfrontieren 'die menschliche Situation' mit allen notwendigen Methoden. Um Freiheit für die Menschheit auf Erden zu erreichen – also für alle Menschen in der ganzen Welt – ist es notwendig, dass diese Methoden ineinandergreifen."

Wie Lenin dachte Qutb, dass Gewalt gegen die herrschende Klasse nötig sein würde, also gegen die Bourgeoisie bei Lenin und gegen die Ungläubigen bei Qutb: „Jene, die die Autorität Gottes herausfordern und Gottes Geschöpfe unterdrücken, werden nicht durch bloßes Predigen von der Macht ablassen." Und wie Lenin glaubte Qutb, dass die Autorität des Führers absolut sein muss, so lange die menschliche Autorität nicht verschwunden ist. In Bezug auf „den Araber" des mekkanischen Zeitalters, dessen moralische Qualitäten er wiederherstellen möchte, sagt Qutb: „Er musste dazu angeleitet werden, die Ordnung einer Gemeinschaft anzunehmen, die unter der Herrschaft eines Führers steht, und er musste diesem Führer in jeder Hinsicht gehorchen, auch wenn dessen Verordnungen seinen Gewohnheiten und seinem Geschmack widerstreben sollten." Da gibt es nicht viel, wo Lenin widersprochen hätte. Der britische stalinistische Historiker Eric Hobsbawm schrieb über sich selbst: „Die Partei hatte den obersten, oder genauer gesagt, den einzigen Anspruch auf unser Leben. Was auch immer sie befohlen hätte, hätten wir befolgt."

Qutb ist ebenso deutlich wie Lenin, wenn es darum geht, dass seine Partei eine Vorhut und keine Massenpartei sein solle, denn nur eine Vorhut würde sich als effizient genug herausstellen, die Revolution bewerkstelligen zu können. Und wie der Leninismus ist auch Qutbs Islamismus dialektisch: Der Islam „hat keine praktischen Probleme mit abstrakten Theorien und geht verschiedene Etappen auch nicht mit den immer gleichen Mitteln an. Wer über den Dschihad im Islam spricht und koranische Verse zitiert, berücksichtigt diesen Aspekt nicht und versteht nicht die Natur der verschiedenen Stufen, über die eine Bewegung sich entwickelt, und er versteht auch nicht das Verhältnis der offenbarten Verse zu der jeweiligen Situation jeder einzelnen Stufe."

Vergleichen wir dies einmal mit Lenins „Der ‚linke Radikalismus', die Kinderkrankheit im Kommunismus": „Der rechte Doktrinarismus hat sich darauf versteift, einzig und allein die alten Formen anzuerkennen, und hat völlig Bankrott gemacht, weil er den neuen Inhalt nicht bemerkte. Der linke Doktrinarismus versteift sich darauf, bestimmte alte Formen unbedingt abzulehnen, weil er nicht sieht, dass der neue Inhalt sich durch alle nur denkbaren Formen Bahn bricht, dass es unsere Pflicht als Kommunisten ist, alle Formen zu meistern und es zu lernen, mit maximaler Schnelligkeit eine Form durch die andere zu ergänzen, eine Form durch die andere zu ersetzen, und unsere Taktik einer jeden solchen Änderung anzupassen, die nicht durch unsere Klasse oder nicht durch unsere Anstrengungen hervorgerufen worden ist."

Es gibt viele weitere Parallelen zwischen dem Leninismus und Qutbs Islamismus, darunter auch die Inkompatibilität beider Ideologien zu irgendetwas anderem, was einen Kampf bis zum

Ende nach sich zieht, der von ewiger Seligkeit für die ganze Menschheit gekrönt sein wird. Oder auch die Spannung zwischen vollständigem Determinismus (durch Geschichte respektive Gott) und dem Ruf nach intensivem Aktionismus. Und auch die Ansicht, dass nur durch die Errichtung des betreffenden Systems der Mensch ganz er selbst sein wird. Für Qutbs Weltsicht würde daher der Begriff Islamo-Leninismus eher zutreffen als der Begriff Islamfaschismus.

Qutb war ein seltsamer Mann: So heiratete er nie, da er behauptete, nie eine hinreichend reine Frau gefunden zu haben. Man muss nicht Freud heißen, um diese Begründung verdächtig zu finden. Oder auch seine Reaktion auf seinen Stipendienaufenthalt im Jahre 1950 im Örtchen Greeley, Colorado, das er als Brutstätte zügellosen Lasters empfand, etwas hysterisch zu finden, als Alibi für etwas Verstörendes, was tief in ihm brodelte.

Hingabe an eine Ideologie kann eine Antwort auf diverse persönliche Probleme sein, und da persönliche Probleme sehr häufig vorkommen, überrascht es nicht, dass eine ganze Reihe von Menschen Ideologie als Gegengift wählen.

Ideologisches Denken ist nicht auf die Islamisten unter uns beschränkt. Das Bedürfnis nach einer vereinfachenden Linse, welche die Unwägbarkeiten des Lebens und besonders des eigenen Lebens ausblendet, ist etwas Immerwährendes. Und mit dem Abtreten des Marxismus im Westen, zumindest seiner ökonomischen Form, ist eine ganze Reihe von Ersatzideologien entstanden, aus dem die Verzagten schöpfen können.

Die meisten dieser Ideologien begannen als legitime Beschwerden, doch als politische Reformen sich mit vernünftigen Forderungen befassten, verwandelten sich diese Forderungen in Ideologien, was wiederum eine psychologische Tatsache widerspiegelt: Wut steht nicht immer in einem direkten Verhältnis zu ihrem Anlass, kann aber für sich alleine schon eine machtvolle Belohnung darstellen. So sehen auch Feministinnen weiterhin jedes menschliche Problem als eine Ausgeburt des Patriarchats an, und Bürgerrechtsaktivisten sehen jedes Problem als Manifestation des Rassismus, Homosexuellenaktivisten als Manifestation von Homophobie, und Antiglobalisten als Manifestation der Globalisierung und radikale Libertäre als Manifestation staatlicher Regulierung an.

Wie köstlich es doch ist, einen Schlüssel zu allem persönlichen und gesellschaftlichen Elend zu haben, und persönliches Glück zu erfahren durch das unbeirrbare Verfolgen eines Ziels zum Wohle der ganzen Menschheit! Man muss um alles in der Welt jene Erkenntnis vermeiden, die John Stuart Mill schon früh überkam und die er in seiner „Autobiographie" beschrieb. Er fragte sich: „Nimm an, du habest all deine Ziele im Leben erreicht; alle Veränderungen in den Institutionen und Ansichten, auf die du hoffst, könnten in diesem Augenblick verwirklicht werden: Würde dies große Freude und Glück bedeuten? Und ein nicht zu unterdrückendes Selbstbewusstsein antwortete deutlich: ‚Nein!' Daraufhin sank mir das Herz: Die gesamte Grundlage meines bisherigen Lebens war zerstört. All mein Glück lag in dem kontinuierlichen Verfolgen dieses Ziels begründet. Dieses Ziel bezaubert nicht mehr, und wie könnte es jemals wieder irgend ein Interesse an den Mitteln zur Erreichung dieses Ziels geben? Es schien, als wäre mir nichts geblieben, wofür es sich zu leben lohnte."

Das ist die von allen Ideologen gefürchtete Frage, und sie erklärt, warum Reformen diesen Ideologen mitnichten zur Freude gereichen, sondern vielmehr ihre Angst und Wut noch erhöhen. Sie erklärt auch, warum der traditionelle religiöse Glaube keine Ideologie in dem von mir verwendeten Sinne darstellt, denn im Gegensatz zu Ideologien erkennt ein solcher Glaube ausdrücklich die Grenzen der irdischen Existenz an und gibt vor, was wir von dieser Existenz erwarten dürfen und was wir nur durch unsere eigenen Anstrengungen erreichen können. Einige Ideologien schmecken nach Religion, doch die absolute Gewissheit, die etwa die Münsteraner Täufer oder die heutigen Islamisten hegen, ist letztlich unreligiös, da sie behaupten, bis ins letzte Detail zu wissen, was Gott von uns verlangt.

Heute ist die populärste und weitreichendste Ideologie im Westen der Environmentalismus, der nicht nur den Marxismus, sondern alle nationalistischen und fremdenfeindlichen Ideologien ersetzt, die Benda den Intellektuellen der 20er Jahre vorwarf. Nun wird niemand, der schon mal wegen Smogs Atembeschwerden hatte und die Wirkungen grenzenloser industrieller Verschmutzung gesehen hat, gleichgültig sein gegenüber den Folgen menschlichen Treibens für die Umwelt, und den Dingen einfach ihren Lauf lassen wollen. Aber es ist nicht schwer, im Treiben der Ökologisten mehr als nur Besorgnis angesichts eines praktischen Problems auszumachen. Ihre Schriften weisen oft Ähnlichkeiten mit denen von Geistlichen des siebzehnten Jahrhunderts und ihren Rufen nach Buße angesichts von Pestepidemien auf, nur dass die ersteren ihre Schriften mit jenem rationalen Lack versehen, den jede Ideologie braucht, um zu verschleiern, dass ihre eigentliche Herkunft in existentieller Angst begründet liegt.

So hieß es neulich in einer Schlagzeile des Umweltaktivisten George Monbiot in einer Kolumne des „Guardian", dass der Planet nun schon dermaßen verwüstet worden sei, dass nur eine totale Energiewende uns retten könne. Sicherlich verspricht Monbiot uns nicht den Himmel auf Erden, wenn wir seinen Vorschriften folgen. Er bietet uns bloß an, dass wir möglicherweise der völligen biologischen Vernichtung entgehen, wenn es nicht vielleicht doch schon zu spät sei. Doch hinter Monbiots Eindringlichkeit, ja Hysterie, vernimmt man eine tiefe Lust auf Macht. Zunächst einmal kann er eigentlich gar nicht selbst glauben, was er sagt: „Wollen wir in Erinnerung bleiben", so fragt er rhetorisch, „als die Generation, welche die Banken rettete, aber die Biosphäre kollabieren ließ?" Wenn es jedoch wirklich wahr sein sollte, dass wir entweder die „totale Energiewende" durchziehen oder aber sterben müssen, dann können wir eigentlich gar nicht als die biosphärenvernichtende Generation in Erinnerung bleiben, denn wenn wir die Biosphäre zugrundegehen lassen, dann kann es niemanden mehr geben, der sich noch an irgendetwas erinnert. Das wiederum erinnert mich an einige meiner Patienten, die, obwohl sie ein langes Leben erwarteten, mit Selbstmord drohten, wenn man nicht tat was sie wollten. Und obwohl

Monbiot sagt, dass es wahrscheinlich sowieso egal ist, was wir tun, verlangt er dennoch, dass alle Menschen auf Erden seinen Geboten folgen.

Durch die environmentalistische Ideologie drohen schwere Eingriffe in die Rechtsstaatlichkeit. Im September 2008 wurden in Großbritannien sechs Öko-Aktivisten freigesprochen, die durch die mutwillige Beschädigung eines Elektrizitätswerks einen Schaden von 50.000 Pfund verursacht hatten. Sie wurden nicht etwa freigesprochen, weil sie der Tat nicht überführt wurden, sondern weil vier Zeugen, darunter auch ein Grönländer, bezeugten, dass es eine globale Erwärmung gebe.

Das erinnert an den verheerenden Freispruch der Jury, die im Jahre 1878 in Sankt Petersburg über Wera Sassulitsch zu urteilen hatte, die versucht hatte, General Trepow zu ermorden. Als Begründung für den Freispruch wurde die Lauterkeit ihrer Motive angegeben. Dies zerstörte in Russland alle Hoffnung auf die Errichtung eines Rechtsstaats und mündete in eine Ära des Terrorismus, was direkt zu einer der größten Katastrophen in der Geschichte der Menschheit führte.

VII. Unruheherde

Europa in Krise und Aufruhr

Warum der Zusammenbruch der Wirtschaft in Gewalt umschlagen kann

Vor einiger Zeit fragte ich in einer Bar einen Mann, woher er denn komme. „Ich bin Europäer", antwortete er. „Ja gut", sagte ich, „aber woher sind Sie denn?" – „Ich bin Europäer", beharrte er.

Ganz offensichtlich handelte es sich um einen Deutschen, und womöglich hätte nur ein Deutscher solch eine Antwort geben können. Es gibt gewisse Deutsche, die mit einer übermäßigen Sensibilität gegenüber den historischen Verbrechen ihres Landes ausgestattet sind und die es vielleicht dünkt, dass sie sofort den glitschigen Weg zur Weltherrschaft hinabrutschen würden, wenn sie „Ich bin ein Deutscher" antworteten.

Doch nur ein Schwerhöriger hätte nicht den falschen Unterton in der Antwort meines Gesprächspartners vernommen. Während viele Leute zwar zugeben würden, dass sie Europäer sind, würden abgesehen vielleicht von einigen entwurzelten Bürokraten in der Brüsseler Hängematte nur wenige von ihnen behaupten, dass sie europäisch denken, und nur wenige würden sich frei heraus mit Europa als politischer Einheit identifizieren. Während viele Menschen die Mitgliedschaft in der Europäischen Union befürworten, da dies gut für ihr Land sei, tun dies nur wenige, weil dies gut für Europa wäre. Frage also nicht, was du für Europa tun kannst, sondern frage, was Europa für dich tun kann.

Und doch wird immer noch behauptet, dass die EU mehr sei als eine Vernunftbeziehung im Gefolge der paneuropäischen

Kriege des zwanzigsten Jahrhunderts und eine Reaktion auf den zunehmenden Bedeutungsverlust des Kontinents. Das „europäische Projekt", wie einige halbintellektuelle Apparatschiks es nennen, wird der Öffentlichkeit manchmal so präsentiert, als handle es sich um ein großes utopisches Experiment, bei dem alle Menschen Brüder werden. So wie auch die Zeugen Jehovas Heftchen verteilen, in denen Löwen als sehr große und wahrscheinlich vegetarische Hauskatzen sowie Grizzlybären als kuschelige Kinderfreunde dargestellt werden, da ja dereinst alle Lebewesen der Welt Jehovas Zeugen sein werden, genauso sprechen auch Eurokraten und Europhile gerne von einem gemeinsamen Schicksal, von ewiger Freundschaft und dergleichen mehr. Der portugiesische Löwe wird sich mit dem estnischen Lamm zum Schlafen legen und alles wird in Butter sein.

Leider scheinen die gegenwärtigen wirtschaftlichen Umstände diesen schönen Tagtraum jäh unterbrochen und unangenehme Realitäten zutagegebracht zu haben. Wenn man sich auf einer gemütlichen Kreuzfahrt befindet und finanzielles Wachstum zu den natürlichsten Dingen der Welt zählt, kann man natürlich bequem seinen Wunschträumen nachhängen. Doch sobald die Wellen hoch schlagen und es darum geht, die Rettungsboote zu besetzen, wacht jeder schneller auf als man „Verlasst das sinkende Schiff" rufen kann.

Als der französische Präsident Nicolas Sarkozy einen großen Staatskredit für die kränkelnden französischen Autobauer Renault und PSA-Citroën ankündigte, wusste jeder, was er damit beabsichtigte. Natürlich sagte Sarkozy, dass es sich um einen mit sechs Prozent verzinsten Warenkredit handle. Doch man fragt sich natürlich, warum denn nicht die französischen Banken, die im übrigen weitaus unprofitabler sind als ihre amerikanischen Pendants, den Autobauern ihre Unterstützung angeboten haben. Im Grunde war der Kredit eine Überbrückungshilfe für Unternehmen, die im normalen Geschäftsleben bankrott gegangen wären. Während durchaus einiges für eine solche helfende Hand in schwierigen Zeiten spricht, kann dieser Vorgang jedoch nicht reinen Gewissens als bloß geschäftliche Entscheidung oder Transaktion dargestellt werden.

Das Problematische an dieser Sache war indes, dass Sarkozy auch meinte, dass wenn diese Unternehmen irgendwo Werke schließen müssten, sie dies im Ausland, nicht aber in Frankreich tun sollten. Was ist also mit dem gemeinsamen europäischen Haus? Gemäß der Europa-Ideologie sollte sich die Politik vornehm und unparteiisch zurückhalten, wenn es um die Frage geht, wo Geschäftsunternehmen angesiedelt sind. Renault und Citroën-PSA sollten ihre Werke überall und ausschließlich dort stehen haben, wo es ihrem geschäftlichen Interesse am besten entspricht. Fast zwangsläufig würden dann viele Werke nicht gerade in Frankreich stehen. Aber Sarkozy war der Präsident Frankreichs und keines anderen Landes, und seine Wähler mit ihrer europaweit verbreiteten bedauerlichen nationalen Borniertheit kümmern sich mehr um das, was in Frankreich passiert, als um die Dinge, die sonstwo geschehen. Die Wähler würden nicht viel von einem französischen Präsidenten halten, der das Geld der Steuerzahler leiht, um Arbeitsplätze in Tschechien zu sichern.

Belastungen und Spannungen tauchen überall in Europa auf und beleben die Aussicht auf politischen Extremismus. In Griechenland flammten Unruhen auf, nachdem dort die Polizei im Dezember 2008 einen fünfzehnjährigen Jungen erschossen hatte. Es waren die schlimmsten Krawalle in der jüngeren Geschichte des Landes, und sie wurden eindeutig von Hunderten junger Linksanarchisten geschürt und befeuert, von denen viele sich in anarchistisches Schwarzrot hüllten, was übrigens auch die Farben der Castro-Bewegung und der Sandinisten waren.

Obwohl sie nominell der extremen Linken angehörten, hätten es genauso gut auch Rechtsextremisten sein können. Die Situation in Griechenland ähnelt in mancher Hinsicht der von Rumänien in den Zwanziger Jahren. Die Zahl der Universitätsabsolventen stieg in jenem Jahrzehnt um das Fünffache an, doch es gab für sie nur wenige Arbeitsplätze, so dass viele junge Leute entweder erwerbslos oder in Positionen beschäftigt waren, für die sie sich angesichts ihres Bildungsniveaus zu schade wähnten. Griechenland ist heute in einer ähnlichen Lage und verfügt über eine große und steigende Zahl von hochschulgebildeten und arbeitslosen oder unterbezahlten jungen Männern. In Rumänien schlossen sich solche jungen Männer tendenziell der radikalen und antisemitischen Eisernen Garde an, welche die Juden für alles verantwortlich machte. Zweifellos kann eine vergleichbare Reaktion auch in Griechenland erfolgen, wo es eine halbe Million illegaler Einwanderer aus Albanien, dem Nahen Osten und Afrika gibt, während die wirtschaftliche Lage im Lande sich immer mehr verschlechtert und die Verzweiflung wächst. Natürlich hätten die Lebensbedingungen der gutgenährten und gutgekleideten zornigen jungen Krawallmacher in Griechenland deren Altersgenossen im Rumänien der Zwanziger Jahre ziemlich neidisch gemacht. Doch was zählt sind zerstörte Hoffnungen und enttäuschte Erwartungen, weniger das absolute Konsumniveau.

Nicht nur an den Randvolkswirtschaften Europas verheißen die sozialen Bedingungen die Entstehung wie auch immer gearteter extremer Gewalt. Frankreich zeigte 2005, wie es ging, und das Leben in den Pariser Banlieues ist stets ein immerfort schwelender Krawall, bei dem jede Nacht Autos abgefackelt werden.

Im Jahre 2006 randalierten verhältnismäßig privilegierte Studenten auf dem Boulevard Saint-Germain, als der damalige Premierminister Dominique de Villepin versuchte, den Arbeitsmarkt für die beschäftigungslose Jugend der Vorstädte zu liberalisieren. Die Haltung der Studenten ähnelte derjenigen der weißen Bergleute in Südafrika, die 1922 auf die Barrikaden gingen, als die Minenbesitzer sie durch schwarze Bergleute ersetzten und die Südafrikanische Kommunistische Partei die Streikenden mit dem Slogan „Arbeiter der Welt, vereinigt Euch für ein Weißes Südafrika" unterstützte. Schwarze Bergleute anzustellen bedeutete mehr Profit und daher mehr Ausbeutung.

Die Brenzligkeit der Lage in Frankreich offenbarte sich auch durch einen hässlichen kleinen Krawall am Gard du Nord im Jahre 2007, als ein junger Mann verhaftet wurde, der von seinem unveräußerlichen Recht Gebrauch gemacht hatte, zwei Fahrkartenkontrolleure mit der Faust ins Gesicht zu schlagen, als diese sein ebenso unveräußerliches Recht infragestellten, über die Kontrollschranke zu springen, ohne sein Fahrgeld entrichtet zu haben. Dieser Krawall war in mancher Hinsicht noch besorgniserregender als der Krawall im Jahre 2005, insofern als junge Männer mit Migrationshintergrund mitten im Zentrum von Paris randalierten, was sie zwei Jahre zuvor selbst auf dem Höhepunkt der Ausschreitungen noch nicht gewagt hatten.

2007 bewiesen junge Deutsche in Rostock, dass sie es doch noch nicht verlernt hatten, wie man Gewalt anwendet. Eintausend Menschen wurden dort während der Ausschreitungen im Vorfeld des G8-Treffens verletzt. Die Krawallmacher sahen nicht so aus, als hätten sie Hemmungen, noch weitaus schlimmere Gewalt anzurichten. Und all dies geschah, noch bevor die Wirtschaftskrise sich bemerkbar gemacht hatte, als die Arbeitslosenrate in Deutschland lediglich bei 11,2 Prozent und in Frankreich bei 19,2 Prozent lag.

Doch am größten ist das Potenzial für gewalttätige soziale Unruhen in Großbritannien. Dank der sträflichen Voraussichtslosigkeit der Premierminister Tony Blair und Gordon Brown ist Großbritannien von den großen europäischen Ländern nicht nur das am härtesten von der Krise betroffene Land, sondern weist auch die schlimmste soziale Lage von allen auf. Wenn die Regierung soziale Unruhen und Gewalt im Gefolge einer schweren Wirtschaftskrise beabsichtigt hätte, dann hätte sie kaum besser agieren können.

Während all dieser sogenannten Wachstumsjahre – natürlich eine auf billigen Krediten, Vermögenswerteinflation und öffentlicher und privater Verschuldung gründende Fata Morgana – zwischen 1997 und 2007 ging relativ und absolut gesehen die Zahl der in Großbritannien geborenen erwachsenen Beschäftigten zurück, während die Zahl eingewanderter Beschäftigter stieg. In den letzten zehn Jahren wurden fast alle neuen Arbeitsplätze, und zwar mindestens vierzig Prozent davon im öffentlichen Dienst, von Einwanderern besetzt, während die Zahl der eingeborenen arbeitslosen Dauersozialhilfeempfänger konstant blieb. Es wurde lediglich eine Umlistung von Erwerbslosen zu Erwerbsunfähigen vorgenommen, und zwar um die falsche Behauptung der Regierung zu unterfüttern, sie habe die Arbeitslosigkeit reduziert. In diesem Umlistungsprozess hat es der Staat geschafft, während einer Periode angeblich beispiellosen Wohlstands im heutigen Großbritannien insgesamt dreißig Prozent mehr Invaliden zu schaffen als die Gesamtzahl der im Ersten Weltkrieg verwundeten Menschen, von denen nebenbei gesagt viele sich wieder berappeln konnten – im Gegensatz zu den modernen durch den Wohlfahrtsstaat verwundeten britischen Invaliden.

Mindestens achtzig Prozent der Einwanderer kamen von außerhalb der Europäischen Union. Und da sie ein dauerhaftes Bleiberecht erhielten, hat sich der Staat ihnen gegenüber gewaltige Verpflichtungen im Falle ihrer Arbeitslosigkeit aufgebürdet, zumal es äußerst unwahrscheinlich ist, dass sie wieder in ihre Herkunftsländer zurückkehren. Während die Steuereinnahmen zurückgehen, steigen die Kosten für die Sozialausgaben.

Und als ob das nicht schon genug wäre, hat der Staat alles in seiner Macht stehende getan um sicherzustellen, dass keine Form der gesellschaftlichen Solidarität ohne Mitwirkung irgendeiner staatlichen Institution vonstatten geht. Die Regierung hat de facto alle größeren Wohlfahrtsorganisationen verstaatlicht, noch bevor sie die Banken vergesellschaftete. Zweiundvierzig Prozent der britischen Kinder werden heute unehelich geboren, und mindestens fünfundzwanzig Prozent von ihnen werden voraussichtlich in einem Einpersonenhaushalt leben, während viele andere, was vielleicht noch schlimmer ist, mit ständig wechselnden Stiefeltern zusammenleben. Dies ist keine Familienform, die auf Massenbasis ohne staatliche Subventionen auskommen kann, und wenn diese Subventionen plötzlich nicht mehr flössen, würden riesige Menschenscharen regelrecht in Armut versinken. Das fördert die allgemeine Kriminalität, die in Großbritannien schon jetzt rasant wütet.

Kurzum – der britische Staat hat sich so benommen als gäbe es kein Morgen mehr. Brown sagte, dass es unter seiner Führung keinen weiteren Boom mehr geben würde, womit er gewissermaßen recht hat: Er stellte die Weichen dafür, dass es lange nach ihm keinen Aufschwung mehr geben wird, aber er hat auch den Weg freigemacht für einen großflächigen sozialen Konflikt. Der Staat wird sich womöglich nicht mehr in der Lage sehen, den Lebensstandard jenes sehr großen Teils seiner Bevölkerung aufrechtzuerhalten, den er von sich abhängig gemacht hat, und dann werden viele weitere willige Rekruten zum bereits großen Heer der Kriminellen stoßen. Ethnische und kulturelle Zwistigkeiten und radikaler Fremdenhass werden auftreten, wenn verschiedene „Gemeinschaften" ihre Ansprüche auf Unterstützung in einem zunehmenden Nullsummenspiel durchzusetzen trachten. Es hat schon Streiks in Ölraffinerien und Kraftwerken gegeben, bei denen gegen fremde Arbeitskräfte protestiert wurde, selbst wenn diese aus der Europäischen Union kamen. Was bedeutet, dass europäisches Recht in Bezug auf Reise- und Arbeitsfreiheit entweder nicht anwendbar oder Anlass für Unruhen sein wird. In beiden Fällen sieht es nicht gut aus für das „Europäische Projekt".

Vor kurzem hatte ich die Gelegenheit, für ein paar Wochen in einer ehemaligen Industriestadt in Nordengland zu verweilen. Die letzten Walzwerke hatten gerade geschlossen. Ich war überrascht über die architektonische Eleganz vieler Häuser aus dem frühen neunzehnten Jahrhundert, die nun völlig überlagert werden durch die brutale Rohheit der Bauten aus den Sechzigern und Siebzigern. Die früh in die Jahre gekommene Bevölkerung verbrachte ihre Zeit damit, in Wohlfahrtsläden nach Gebrauchtklamotten zu schauen. Auch Pfandleiher erlebten ein großes Comeback. Verwilderte junge Männer mit urbanem Raubtiergesichtsausdruck lungerten in ihren Nylon-Trainingsanzügen mit Kapuze an den Straßenecken herum und nuschelten sich obszöne Worte zu. Etwa die Hälfte der Leute auf der Straße waren arbeitslose junge Einwanderer, zumeist aus dem Nahen Osten, die auf der Suche nach irgendwelchen kleinen Deals waren. Einige

nutzten den kostenlosen Internetzugang in der Stadtbibliothek
– einem Betongebäude, das ästhetisch gesehen auch zum Stasi-
Hauptquartier getaugt hätte –, um auf den Webseiten politischer
Extremisten zu stöbern oder um nach Frauen Ausschau zu halten.

Ich habe in die Zukunft geblickt, und ich sehe Unruhen
kommen.

VIII. Wirtschaftskrise und Werteverfall

Erst kommt die Inflation, dann frisst sie die Moral

Schwundgeld zersetzt Erspartes und auch den Charakter

Manchmal ist es so, dass Informationen aus sehr unterschiedlichen Quellen sich zusammenfügen und einen dazu bringen, über eine Sache zu grübeln, an die man vorher keinen Gedanken verschwendet hatte. Genau das passierte mir neulich in Bezug auf die Frage, welche Wirkung eine Entwertung des Geldes auf den menschlichen Charakter hat. Dieses Thema ist mitnichten allzu abgehoben, wenn man bedenkt, dass viele Beobachter einen beträchtlichen Anstieg der Inflation als Folge der vielfältigen staatlichen Konjunkturprogramme zur Verhinderung des gegenwärtigen weltweiten Wirtschaftsabschwungs vorhersagen.

Ich las gerade Lewis Broads „Die Unschuld der Edith Thompson", ein Buch über einen berühmten Mord im London der 1920er Jahre. Freddy Bywaters war ein gutaussehender junger Matrose, Edith Thompson eine unglücklich verheiratete Frau. Sie hatten eine heiße Liebesaffäre, und schließlich erstach Bywaters Thompsons Ehemann, als dieser eines Abends mit seiner Frau aus dem Theater zurück nach Hause ging. Thompsons Liebesbriefe an Bywaters, so die Anklage, seien eine Anstiftung zum Mord gewesen, und zwar in dem Maße, dass sie selbst als Mörderin zu gelten habe. Sie wurde schuldig gesprochen und gehängt. In seinem Buch, das Broad 31 Jahre danach im Jahre

1952 schrieb, erwähnt er, dass Frau Thompson relativ wohlhabend war. Sie leitete ein Hutgeschäft und verdiente gut genug, um zur Mittelklasse gehören zu können: „Sechs Pfund pro Woche", so der Autor, „beziehungsweise zwölf Pfund in unserer heutigen abgewerteten Währung." Eine Verdoppelung des Preises binnen drei Jahrzehnten galt also als Abwertung der Währung? Was hätte Broad geschrieben, wenn er gewusst hätte, was in den Jahren darauf passieren würde?

Dann begann ich „Ursa Major" zu lesen, eine Studie von C.E. Vulliamy über Samuel Johnson. Die Studie selbst war von Ablehnung gegenüber diesem großen Mann geprägt, aber was das Thema Inflation anging, war Johnsons von der Krone gezahlte Pension recht aufschlussreich. Diese betrug nämlich zur Zeit ihrer Auszahlung im Jahre 1762 dreihundert Pfund jährlich, und Vulliamy erklärt uns, dass dieser Betrag zur Zeit der Veröffentlichung von „Ursa Major" etwa achthundert Pfund wert gewesen sei. Doch genau diese achthundert Pfund wiederum wären laut Broads Buch ein paar Jahre zuvor, nämlich im Jahre 1921, erst vierhundert Pfund wert gewesen. Wenn ich also diese beiden Geschichten zusammenfüge, dann bedeutet dies, dass dreihundert Pfund im Jahre 1762 ungefähr vierhundert Pfund im Jahre 1921 entsprochen hätten. Anders ausgedrückt: Die Preise in Großbritannien wären innerhalb von 150 Jahren um etwa 33 Prozent gestiegen, was einer so geringen Steigerungsrate entspricht, dass diese von Jahr zu Jahr, selbst von Jahrzehnt zu Jahrzehnt, so gut wie gar nicht spürbar gewesen wäre. Eine solche Stabilität muss den Leuten eher wie ein Naturgesetz erschienen sein denn als Folge menschlichen Verhaltens oder menschlicher Politik und von daher wie ein Phänomen, das sehr lange Bestand haben würde.

Natürlich können vergleichende Preisberechnungen zwischen verschiedenen historischen Epochen ungenau sein, allein schon weil es Dinge, die zu späteren Zeiten verfügbar waren, vorher nicht gegeben hatte. So können wir natürlich nicht sagen, was ein Schokoriegel im Jahre 1762 kostete. Dennoch konnte ich sogar innerhalb meiner eigenen Lebenszeit Zeuge einer längeren Ära der Preisstabilität werden. Als ich geboren wurde, kostete das Versenden eines Briefes anderthalb mal so viel wie hundert Jahre zuvor. In meiner Kindheit in den fünfziger Jahren verwendeten wir immer noch die gleichen Münzen mit dem gleichen Nennwert wie die Menschen in der Viktorianischen Zeit. Die Silbermünzen waren immer noch aus Silber und nicht aus irgendeinem silberglänzenden wertlosen Metall. Manchmal bekamen wir sogar präviktorianische Münzen zwischen die Finger. Deren fortgesetzter Gebrauch war gar nicht so unsinnig: Obwohl die Preise gestiegen waren, ähnelten diese immer noch denen aus früheren Zeiten. Als meine Großmutter mir einen Florin gab, eine Zehntelpfundmünze, kam ich mir reich vor. Denn das war immerhin genug, um sich ein Taschenbuch davon zu kaufen. Heute bräuchte man dafür fünfzig- bis sechzigmal so viel.

Ich erinnere mich auch an die riesigen Fünf-PfundNoten, die so grandios und fast so flächig wie Berufsdiplome oder Aktienzertifikate aus dem Neunzehnten Jahrhundert waren. Mein Vater bewahrte diese in einer Rolle in seiner Tasche auf, und damals hätten hundert oder zweihundert davon ausgereicht, um ein anständiges Haus davon zu kaufen. Und für einen Jungen wie mich war es damals immer noch möglich, mit der kleinsten Münze des Königreiches irgendetwas zu kaufen, und sei es nur einen Kaugummi. Diese Münze hatte den Nennwert des 960stels einer Pfundnote. Dass überhaupt irgendetwas für solch einen geringen Bruchwert gekauft werden konnte, mag als Zeichen einer allgemeinen Armut erscheinen. Doch obwohl das Großbritannien meiner Jugend wirtschaftlich zurückblieb, war es längst nicht arm.

Die Herrschaft der relativen Preisstabilität brach bald darauf zusammen. Während der sechziger und siebziger Jahre stiegen die Geldsummen, über die jedermann sprach, stetig an, zuerst ein bisschen und dann sehr stark, und wie lässig sprechen wir heute von Billionen von Dollars oder Euros. Um Marx zu paraphrasieren: Alles was solide erschienen war, löste sich in Nichts auf.

Damals dachte ich nicht großartig über die Auswirkungen dieser Inflation nach, die lediglich in rein wirtschaftswissenschaftlichen Begriffen diskutiert zu werden schien, etwa wenn Experten fragten, ob die Inflation denn mit einem zureichenden Wirtschaftswachstum kompatibel sei. Naiverweise nahm ich an, dass die Inflation keinen Grund zur Besorgnis darstelle, da das Einkommen der meisten Menschen ebenso stark zunahm. Persönlich litten weder ich selbst noch die meisten meiner Bekannten daran. Wenn ein Produkt nun das Zehnfache kostete, war es doch egal, wenn auch das Einkommen um das Zehnfache gestiegen war, oder? Da es den Menschen zumindest gemessen daran, was sie konsumieren konnten, besser zu gehen schien, konnte man sogar annehmen, dass die Einkommen stärker gestiegen seien als die Inflation.

Doch das war eine unausgegorene Betrachtungsweise, wie das Schicksal meines Vaters mich eigentlich hätte lehren müssen. Er hatte sein Geschäft zu einem scheinbar großen Betrag in den Sechzigern verkauft, gegen Ende einer Periode der Preisstabilität, die Zeit seines Lebens bestanden hatte. Er war jemand, der sowohl aus charakterlichen als auch aus ideologischen Gründen eine tiefe Verachtung gegenüber Finanzspekulationen und geschäftlichen Mauscheleien hegte, was zur Folge hatte, dass die Inflation seine Ersparnisse unerbittlich aufgefressen hatte. Während der letzten dreißig Jahre seines Lebens wurde er ärmer und ärmer und wäre in bitterer Mittellosigkeit versunken, wenn er nicht in das Haus gezogen wäre, das mir gehörte. Und das, nachdem er ein Maß an Wohlstand erreicht hatte, das relativ gesehen größer war als ich es wahrscheinlich jemals erreichen werde.

Eine Zeit lang war ich verärgert über den scheinbaren Mangel an Vorsorge und Weitsicht bei meinem Vater. Wie die gegenwärtige Finanzkrise aber letztendlich gezeigt hat, ist nicht jedermann mit Weitsicht gesegnet, nicht einmal diejenigen, deren Lebensunterhalt hauptsächlich von der Behauptung abhängt, über eine solche Weitsicht zu verfügen. Mein Vater gehörte einer Generation an, die Geld als wertbeständig angesehen hatte, was mitnichten eine unehrenhafte Vorstellung war, sondern vielmehr Seelenruhe verlieh, zumindest wenn diese Vorstellung der Realität entsprach. Und jetzt, wo ich mich in einem Zeitalter wiederfinde, in der Inflation mir Unannehmlichkeiten, wenn nicht Schwierigkeiten zu bereiten verspricht, wächst mein Verständnis für die Lage meines Vaters. Ökonomisch gesehen bin ich nicht mehr jung genug für ein zweites Leben: Die Zerstörung meines Wohlstands durch Inflation wäre endgültig. Innerhalb einer alternden Bevölkerung befinden sich immer mehr Menschen in dieser Lage, was erklären hilft, warum eine Ära des Wohlstands auch eine Ära der Angst sein kann, selbst ohne eine Finanzkrise.

Ich bin wie auch mein Vater nicht besonders habgierig. Doch andererseits ist es auch nicht unbedingt mein Lebensziel arm zu sein, und daher teile ich die Vorstellung der meisten Menschen, dass ein Kapitalverlust und ein scharfer Einkommensrückgang durchaus Dinge sind, vor denen man sich fürchten kann. In einem Zeitalter der Preisstabilität könnte ein Mann meiner Verfassung mit ziemlicher Sicherheit einschätzen, wie viel Geld er für jedes Jahr seines Rentenalters brauchen wird. Die Berechnung dessen, wie hoch das Kapital sein muss, um nach Zinsen für jedes einzelne Jahr den nötigen Betrag zu gewährleisten, wäre relativ einfach und würde einen von Geldsorgen ungeplagt und beruhigt schlafen lassen.

Diese Art von Sicherheit bezüglich der finanziellen Zukunft ist heutzutage für uns viel schwieriger. In den achtziger Jahren hatten Präsident Reagan und Premierministerin Thatcher die galoppierende Inflation in den USA und in Großbritannien in den Griff bekommen, was durch kurzfristige wirtschaftliche Mühsal und beträchtliche politischsoziale Spannungen erkauft wurde, doch beide vermochten nicht, den Vertrauensverlust der Öffentlichkeit in Bezug auf Geld als etwas Wertbeständigem rückgängig zu machen. Die Menschen müssen heute nicht nur vorhersagen können, wie lange sie noch leben werden, sondern sie müssen auch etwas noch viel Unvorhersehbareres einschätzen, nämlich die herrschenden wirtschaftlichen Bedingungen der nächsten vierzig Jahre, wenn man diesen Zeitraum als oberste Grenze ihres Rentenalters annimmt. Und das erfordert, um Doctor Johnson mal in einem anderen Zusammenhang zu zitieren, „Fähigkeiten, die unser Schöpfer uns nicht zu schenken beliebt hat."

Man scheint keine andere Wahl zu haben als ständig auf sein Geld zu achten und zu versuchen, die überall lauernden und vermögenszersetzenden Angriffe der Motten und des Rosts zu parieren. Kurzum, man muss spekulieren oder läuft Gefahr, fast alles zu verlieren. Die Frage, ob es besser ist, Aktien, Anleihen, Immobilien oder Gold oder eine Kombination von alledem zu haben, stellt sich einem andauernd. Dazu kommt, dass Fondsmanager und Investoren nicht immer die gleichen Interessen haben, wovon viele ein Lied singen können, die gute Tipps von ihren Brokern oder Bankberatern bekommen haben. Wer versucht, sich ständig auf dem Laufenden zu halten, wird lernen, weder sich selbst noch irgendjemand anderem mehr zu trauen.

Die Inflation hat ökonomische Weisheiten und Voreingenommenheiten ganzer Jahrhunderte über Bord geworfen. Nach den Binsenweisheiten des Polonius, die dieser seinem Sohn Laertes gegenüber zum Besten gab, solle man „weder Borger noch Verleiher sein", und zwar deswegen, weil „ein Darlehen oft sich selbst und auch den Freund verliert". Ein Vierteljahrtausend später behauptete die Dickens-Figur Wilkins Micawber, das Geheimnis des Glücks liege darin verborgen, dass man im Rahmen seiner Möglichkeiten lebt. Und obgleich Kredit offensichtlich ein wesentlicher Faktor für Wirtschaftswachstum ist, macht es einen offensichtlichen Unterschied, ob man etwas borgt, um über seine Verhältnisse zu leben oder ob man etwas leiht, um diese Verhältnisse auszubauen.

Die Inflation verschleiert diesen eigentlich intuitiv zugänglichen Unterschied. Wie oft habe ich von Freunden und Banken den Rat gehört, dass ich soviel Geld wie möglich leihen sollte, um mir das beste und teuerste Haus kaufen zu können. Und viele Jahre lang schien dieser Rat goldrichtig zu sein, denn was könnte vorteilhafter sein als etwas im Wert steigendes anhand einer abwertenden Währung zu erwerben, vor allem wenn das Einkommen voraussichtlich stärker steigen wird als die Währung im Wert abnimmt? Dies war ein müheloser Weg zum Reichtum.

Diesen Rat habe ich nicht angenommen, zumindest nicht ganz. Ich war noch zu sehr ein Kind jener Zeit der konstanten Preise, um mir vorstellen zu können, dass eine beträchtlich anmutende Summe in nur wenigen Jahren dahinschwindet. Etwas Zurückhaltung schien mir angebrachter zu sein. Dennoch lieh ich mir im Rahmen meiner angenommenen Möglichkeiten Geld aus und häufte ein paar Wertobjekte an, die ich mir infolge konsequenten Sparens nicht hätte leisten können. Das kuriose Ergebnis ist, dass ich mir zu keinem Zeitpunkt meiner Karriere die Immobilie hätte leisten können, die ich nun besitze und deren Wert selbst jetzt nach einem steilen Abschwung im Gefolge der Finanzkrise immer noch höher ist als mein akkumuliertes Einkommen all meiner Berufsjahre. Wenn mein Kredit kühner gewesen wäre, hätte der heutige Wert meine ganzen Ersparnisse sogar noch mehr überstiegen.

Es geht mir da natürlich nicht anders als Millionen anderer Menschen. Und da wir nun alle reicher sind als wir ansonsten geworden wären, scheint die ganze Sache doch nicht so verkehrt gewesen zu sein? Das Problem ist, dass dieses „reicher" eine seltsame Art von Wohlstand ist. Denn in irgendeiner Behausung muss ich ja schließlich leben, und auch alle anderen Dinge sind schließlich im Wert gestiegen. In meinem Haus lebe ich jedoch nicht besser als vorher, nur weil es jetzt dreimal mehr kostet als damals. Diese Wertsteigerung bringt mir also keinen konkreten Nutzen, es sei denn ich veräußere es, um ein billigeres Haus zu kaufen und die Differenz anderweitig zu investieren. Eine solche Wertsteigerung ist also ähnlich substanziell wie der Wert von Katzengold.

Doch viele Jahre lang haben die Menschen vor allem in Großbritannien steigende Immobilienpreise als das Nonplusultra betrachtet, und der Staat hat sie in diesem Glauben bestärkt, indem er extrem billige Kredite zuließ. Kurz vor dem Zusammenbruch hat auch meine Bank mir einige gute Beispiele dafür geliefert.

Ich erinnere mich noch an den Brief, den meine Bank mir zuschickte, als ich noch ein Student war. Darin hieß es in einem recht schroffen Ton, dass ich fast drei Pfund im Soll war, ich wurde aufgefordert, sofort Abhilfe zu schaffen. Kaum vierzig Jahre später überzog ich wieder für kurze Zeit mein Konto, diesmal aber um einen viel höheren Betrag. Ich schrieb der Bank, dass ich den Fehlbetrag in wenigen Tagen wieder ausgleichen würde. Die Bank rief mich an, was sehr selten vorkam. Ein Bankangestellter wollte mich zuhause aufsuchen. Ich vereinbarte einen Termin und erwartete den Mann mit etwas Unruhe.

Als er ankam, wiederholte ich mein Versprechen, den Kontoüberzug binnen Wochenfrist auszugleichen. „Oh, das möchten wir doch gar nicht", sagte er. „Ich bin gekommen um zu fragen, ob Sie nicht noch mehr Geld leihen möchten." – „Wozu denn das?" – „Nun, zum Beispiel für ein schönes Auto oder für die Urlaubsreise, von der Sie schon immer geträumt haben."

Ich war verblüfft. Die Bank ermunterte mich dazu, mich für etwas zu verschulden, dessen Wert im Handumdrehen dahingeschwunden beziehungsweise dessen Wiederverkaufswert gleich Null sein würde. Nachdem ich diese Offerte abgelehnt hatte, erhielt ich sehr bald weitere Angebote über große Leihsummen, die mir vermittels eines bloßen Telefonanrufs übertragen werden könnten. Abgesehen von Hausreparaturen, deren beständiger Geldwert vom Immobilienmarkt abhängen würde, bezogen sich alle Verwendungsvorschläge auf Konsum im Hier und Jetzt. Das alles lief auf ein gigantisches Pyramidensystem hinaus.

Etwas später dachte ich darüber nach, ein weiteres Haus zu kaufen, wofür ich einen kurzfristigen Kredit benötigt hätte. Ich ging also kurz bei meiner Bank vorbei und fragte, wie ich eine solche Kreditsumme bewerkstelligen könne. Nach nur fünf Minuten bot mir die Bank eine Summe an, die zwanzig Prozent höher war als die Immobilie, die ich nachgewiesenermaßen schon besaß und deren Wert schwankungs- und sogar verlustanfällig war. Ich verließ das Kreditinstitut in dem Gefühl, dass diese Bank auf geradezu frivole Weise leichtsinnig war, dass sie mit Geld umging, als ob es sich um Monopoly-Scheingeld handle, und dass sie keinerlei Sorgfalt gegenüber ihren Aktionären und Spareinlegern an den Tag legte. Und tatsächlich wurde diese Bank zwei Jahre später, im Jahre 2009, verstaatlicht, und ihre drei Millionen Aktionäre, die vor dem Untergang noch ein paar fette Jahre genießen konnten, wurden praktisch über Nacht enteignet.

Während dieser fetten Jahre konnte man zuhause vor dem Fernseher sitzen und sich dabei gefallen, wie man durch Nichtstun reicher wurde. Ich erinnere mich noch daran, wie ein angesehener Professor mir mit kaum verhüllter Begeisterung erzählte, dass er jeden Tag und Woche für Woche tausend Pfund allein dadurch hinzuverdiene, indem er ein sehr großes Haus in einer angesagten Gegend besitze. Das war selbstverständlich ein Betrag, der jegliche Rücklagen aus seinem Universitätshonorar in den Schatten stellte. Mit einer solchen Politik hätte der Staat seinen Bürgern keinen größeren Gefallen tun können, denn die Mehrheit der hausbesitzenden Bevölkerung dünkte sich reicher als jemals zuvor und schrieb ihren Wohlstand der weisen Führung des Staates zu.

Aber wenn die Inflation von Vermögenswerten, also letztendlich nichts anderes als die Abwertung der Währung, die Hauptquelle des Wohlstands ist, dann korrumpiert dies den Charakter der Menschen. Es untergräbt nicht nur die traditionellen Bürgertugenden, sondern es gibt sie sogar der Lächerlichkeit preis und verkehrt sie in ihr Gegenteil. Vorsicht wird zur Unvernunft, Sparsamkeit wird zum Leichtsinn, Nüchternheit wird zur Spießigkeit, Bescheidenheit wird zur Ehrgeizlosigkeit, Selbstkontrolle wird zum Selbstverrat, Geduld wird zur mangelnden Vorsorge, Beständigkeit zur mangelnden Flexibilität. Alle Weisheit wird zur Torheit. Und die Umstände zwingen fast jeden dazu, in diese Umwertung aller Werte mit einzustimmen.

Es gibt nur eine Ausnahme, nämlich wenn man direkt oder indirekt von Vater Staat ein inflationsbereinigtes Gehalt und eine Pension bezieht. In dieser Lage befinden sich die Angestellten im öffentlichen Dienst, aber auch hier haben wir es mit einem Pyramidenspiel, ja vielleicht sogar mit dem größten aller Pyramidenspiele zu tun, denn die kommenden Ereignisse werden den Staat möglicherweise dazu zwingen, seine Versprechungen brechen zu müssen. Doch bis dahin wird eine solche Anstellung als sicherer Arbeitsplatz gelten, und der Staat wird sehr versucht sein, diesen Sektor zu vergrößern, da er damit zunehmende Abhängigkeiten zu seinen Gunsten schafft. Und auch Abhängigkeiten korrumpieren die Moral.

Kein Wunder, dass sich von allen westlichen Führern ausgerechnet Angela Merkel am meisten um die Inflation besorgt zeigt. Wenn es eine Sache gibt, worin alle Deutschen übereinstimmen, dann ist es die soziale, politische und wirtschaftliche Notwendigkeit einer gesunden Währung. Die Hyperinflation der Zwanziger Jahre verursachte bei den Deutschen einen Mentalitätswandel, der mindestens so groß war wie der durch den Weltkrieg verursachte Gesinnungswandel. Davon könnten die fünfzig Millionen Toten, hätten sie denn eine Stimme, ein Lied singen. Die Stabilität der D-Mark war eine großartige Errungenschaft der zweiten Hälfte des Zwanzigsten Jahrhunderts.

Inflation ist nicht für jedermann von Nachteil, zum Beispiel für diejenigen, die eine neue Gesellschaft schaffen wollen, oder auch für jene, die staatliche Kontrolle über alle Facetten des menschlichen Lebens erlangen wollen. Doch für den Rest der Menschheit sind die Folgen alles andere als vorteilhaft. Denn Inflation ist nicht nur ein ökonomisches Problem, sondern vor allem ein Problem, das die menschliche Seele berührt.

eigentüm

Eigentum

und Recht

und Freiheit

lich frei